Alexander Häusler/Rainer Roeser
Die rechten ›Mut‹-Bürger
Entstehung, Entwicklung, Personal & Positionen
der »Alternative für Deutschland«

Alexander Häusler ist Sozialwissenschaftler und wissenschaftlicher Mitarbeiter des Forschungsschwerpunktes Rechtsextremismus/Neonazismus der FH Düsseldorf.
Rainer Roeser ist freiberuflicher Journalist und arbeitet für das Internetportal »Blick nach rechts«.

Alexander Häusler/Rainer Roeser
Die rechten ›Mut‹-Bürger
Entstehung, Entwicklung, Personal & Positionen
der »Alternative für Deutschland«

VSA: Verlag Hamburg

www.vsa-verlag.de
www.forena.de
www.bnr.de

© VSA: Verlag 2015, St. Georgs Kirchhof 6, 20099 Hamburg
Alle Rechte vorbehalten
Titelfoto: Roland Geisheimer (www.geisheimer-foto.de)
Druck und Buchbindearbeiten: Beltz Bad Langensalza GmbH
ISBN 978-3-89965-640-4

Inhalt

Mut- und Wutbürger: Einleitende Vorbemerkungen 7

1. Ideologische Verortung 13

    1.1 Zwischen Nationalliberalismus und Rechtspopulismus 15
    1.2 National- und Radikalneoliberalismus 16
    1.3 Nationalkonservatismus 19
    1.4 Rechtspopulismus 22

2. Rechte Vorläuferparteien der AfD 28

    2.1 Der *Bund Freier Bürger* 28
    2.2 *Die Freiheit*: Personelle und inhaltliche Überschneidungen mit der AfD 33
    2.3 Die *Partei Rechtsstaatliche Offensive* (Schill-Partei) 39

3. Die AfD und der rechte Populismus 42

    3.1 Rechter Anti-EU-Populismus 44
    3.2 Sarrazin und die »political correctness« 51
    3.3 Populistische Wortspiele 55
    3.4 Manifest für einen rechten Populismus 59

4. Der politische Kontext der AfD 64

    4.1 Der *Hamburger Appell* 65
    4.2 Politische Netzwerke im AfD-Umfeld 70
        Das *Bündnis Bürgerwille* 70 | Die *Zivile Koalition* 72 | Die *Wahlalternative 2013* 74
    4.3 Politische Positionierungen der AfD 78

5. Rechte Erscheinungsformen in den AfD-Landesverbänden ... 86

    5.1 Der Fall Hessen 87
    5.2 Der Fall Nordrhein-Westfalen 91
    5.3 Der Fall Thüringen 95
    5.4 Weitere Fälle 98
        Hamburg 98 | Niedersachsen 100 | Mecklenburg-Vorpommern 101 | Sachsen 103 | Bayern 104 | Brandenburg 105 | Baden-Württemberg 106

6. Die AfD und der rechte Rand ... 109

6.1 Reaktionen aus Parteien vom rechten Rand ... 109
NPD 110 | Republikaner (REP) 115 | Bürgerbewegung pro Deutschland 117 | Bürgerbewegung pro NRW 119 | Bürger in Wut (BIW) 120 | Die Freiheit (DF) 121 | Die Rechte (DR) 123 | »Parteifreie« Neonazis 124

6.2 Rechte Medien und die AfD ... 125
Junge Freiheit 125 | Sezession 127 | Blaue Narzisse 127 | Preußische Allgemeine Zeitung 129 | Zuerst! 131 | eigentümlich frei 132

7. Wählerpotenzial der AfD ... 134

7.1 Bundestagswahl 2013 ... 134
7.2 Europawahl 2014 ... 137
7.3 Landtagswahlen in Ostdeutschland 2014 ... 141

8. Kulturkampf von rechts: Ein Ausblick ... 145

Literatur ... 152

Mut- und Wutbürger:
Einleitende Vorbemerkungen

Mit der *Alternative für Deutschland* (AfD) betrat im Frühjahr 2013 ein neuer Akteur die parteipolitische Bühne in Deutschland und verfehlte nur einige Monate später bei der Bundestagswahl knapp den Einzug in den Bundestag. Allerdings hat noch nie in der deutschen Nachkriegsgeschichte eine Partei so kurz nach ihrer Gründung so viele Wahlen erfolgreich bestreiten können wie die AfD. So erlangte sie ein Jahr später bei den Europawahlen mit über 7% den Einzug in das Europaparlament.

Dieser Wahlerfolg gab ihr den nötigen Schub für ein erfolgreiches Abschneiden bei den kurz danach stattgefundenen Landtagswahlen in Sachsen, Thüringen und Brandenburg. Dieser Erfolg ist allerdings nicht durch besondere programmatische Finessen und organisatorische Fähigkeiten zu erklären – im Gegenteil: Trotz des Tatbestandes, dass die AfD bislang schon Wahlen auf Landes-, Bundes- und europäischer Ebene bestritten hat, verfügt sie immer noch über kein ausgereiftes Parteiprogramm. Zudem ist ihr innerparteilicher Zustand chaotisch und geprägt von massiven Querelen und Richtungskämpfen.

Zugespitzt ausgedrückt: Die AfD wurde nicht aufgrund, sondern trotz ihres innerparteilichen Zustandes gewählt. Daraus lässt sich schließen, dass der Grund für ihren Zuspruch bei einem Teil der deutschen Wählerschaft eher als Ausdruck einer Unzufriedenheit mit bestimmten Entwicklungen zu deuten ist, die in der AfD ein politisches Ventil zur Artikulation gefunden hat. Der Schlüssel zum Geheimnis ihres Erfolgs liegt somit in einer historisch und politisch günstigen Gelegenheitsstruktur für die Herausbildung einer neuen politischen Kraft rechts von der Union und der FPD, die sich auf zwei Ebenen auftat: der Eurokrise und der Sarrazin-Debatte in Deutschland.

Noch vor der AfD-Gründung wurde durch Umfragen von Meinungsforschungsinstituten das Wahlpotenzial für politische Themenbesetzungen auf diesen Feldern deutlich. Hierbei hatte das Merkel'sche Credo von der angeblichen Alternativlosigkeit einer sowohl neoliberal grundierten als auch zugleich staatsinterventionistisch ausgerichteten Austeritätspolitik in der Eurokrise entscheidende Bedeutung. Die AfD hat die günstige Gelegenheit zur Neuformierung eines eurokritischen rechten Blocks erkannt und sich mit einer geschickt gewählten Namensgebung ein Alleinstellungsmerkmal in der öffentlichen Wahrnehmung geschaffen. Zudem hat sie mit dem Hamburger Volkswirtschaftsprofessor Bernd Lucke eine Führungsperson präsentiert, der der Partei die Aura von wirtschaftspolitischem Sachverstand verleihen konnte und ihr schon in der Gründungsphase eine ungewöhnlich hohe mediale Präsenz verschaffte.

Doch allein mit der Themenbesetzung ist der AfD-Zuspruch nicht erschöpfend begründbar. Denn eine lediglich elitär-wirtschaftsliberale und zugleich Euro- wie europaskeptische Positionierung reicht für sich noch nicht aus, um weit über das aktuelle FDP-Wählerpotenzial hinaus Zustimmungswerte bei Wahlen zu erhalten und sich längerfristig als Partei verankern zu können. Allerdings war die AfD schon von Beginn an mehr als eine bloße Anti-Euro-Partei: Neben Angehörigen des wirtschaftlichen Establishments bot sie seit ihrer Gründung auch politisch heimatlos gewordenen Nationalkonservativen sowie neurechten Kräften und früheren Aktivisten rechtspopulistischer Kleinstparteien ein neues parteipolitisches Dach. Zur Strömung der so genannten Neuen Rechten bestehen enge Verbindungen über die neurechte Wochenzeitung *Junge Freiheit* (JF), welche die AfD von Beginn an publizistisch unterstützt und die sich mittlerweile zu einer Art informeller Parteizeitung entwickelt hat. Trotz deutlicher Unterschiede in einzelnen Fragen eint alle drei die AfD tragenden politischen Milieus eine populistische Anti-Establishment-Attitüde, die folgende Merkmale aufweist:

- Ein bewusst gewählter Status als politischer Außenseiter, der angeblich völlig anders ist als die so genannten Altparteien.
- Eine sich als antipolitisch inszenierende Kraft von Leuten mit »Sachverstand«, die sich gegen die »Kaste« von »Berufspolitikern« wendet, die allesamt nur ihre eigenen Interessen verfolgen würden.
- Ein Insistieren auf Ehrlichkeit in der politischen Artikulation, die im Kontrast zu einer angeblich politisch wie medial verordneten Lüge stehe.

Sinnbild für diese populistische Attitüde ist die Identifikationsparole der AfD »Mut zur Wahrheit«. In welcher Form diese Parole als Metapher zur Artikulation politischer Selbstinszenierung wie zugleich Feindbildsetzung dienlich ist, zeigt ein Blick auf die Homepage der AfD. Dort heißt es zur Erläuterung dieser Parole:

»Mut zur Wahrheit ... das war der Wahlslogan der AfD zur Bundestagswahl 2013.
Und Mut zur Wahrheit ist nötiger denn je, denn wir haben es zu tun mit:
1. einer Politikerkaste, die dem Volk systematisch wesentliche Probleme unserer Zeit verschweigt

Einleitende Vorbemerkungen

2. Medien, die sich den Politikern soweit angenähert haben, dass ihnen jede kritische Distanz abhanden gekommen ist, sowie
3. den Wächtern der ›Political Correctness‹, die mittels Tabuisierung ganzer Themenfelder Denkverbote mitten in unseren Gehirnen einrichten möchten.«[1]

Demnach steht der gepriesene »Mut zur Wahrheit« zugleich als Chiffre zur Mobilisierung politischer Unzufriedenheit und Ressentiments gegenüber Entwicklungs- und Veränderungsprozessen, die inhaltlich deutlich anschlussfähig sind an jene Verlautbarungen, welche die Bild-Zeitung ihrer Leserschaft im Kontext der Sarrazin-Debatte aus dessen Werk »Deutschland schafft sich ab« in eingängige Thesen übersetzt hatte. In der »Mut«-Parole der AfD kulminieren emotional unterschiedlich gelagerte politische Leidenschaften in ein bürgerlich kompatibles Angebot zur Rebellion, die den Wut-Bürger als wahrheits- und ordnungsliebenden Mut-Bürger in Erscheinung treten lassen. So sieht der Zeit-Redakteur Matthias Geis die Gefahr der AfD darin begründet, dass sie als erste »Wut-Partei die Chance hat, zu einer stabilen Kraft zu werden«.[2]

Mit diesem Angebot als Ventil für eine allgemeine Politikverdrossenheit und angestaute Wut auf gesellschaftliche Entwicklungsprozesse bedient die AfD zugleich in rechtspopulistischer Manier ein quantitativ wachsendes Milieu, das hinsichtlich seiner politisch-emotionalen Affekte mit dem Begriff Wutbürgertum einen adäquaten Ausdruck erfährt. Eine politische Selbstverortung in der Mitte der Gesellschaft und die Anpreisung gesellschaftlicher Tugenden wie Ordnungssinn, Gesetzestreue und nationales Pflichtbewusstsein paaren sich dort mit Wohlstandschauvinismus und fremdenfeindlichen Ressentiments. Sie kulminieren in einem konformistischen Aufbegehren gegenüber Pluralisierungs- und Emanzipationsprozessen, welche als fundamental bedrohlicher Angriff auf die eigenen, als »nationale Identität« verklärten kollektiven Ordnungsmuster identifiziert werden. Die AfD als selbsterklärte Partei der Mut-Bürger erweist sich hierbei als parteipolitischer Anker wie zugleich als politischer Marker dieses national orientierten und rechtsgerichteten Wutbürgertums.

---

[1] www.alternativefuer.de/programm-hintergrund/mut-zur-wahrheit/, abgerufen am 12.11.2014.

[2] Geis, Matthias: Die Wut genießen, in: Die Zeit online vom 19.11.2014, www.zeit.de/2014/47/afd-erfolg-extremismus, abgerufen am 1.12.2014.

In vielerlei Hinsicht weisen die Wahlkampfthemen der AfD Übereinstimmungen mit den Themensetzungen des europäischen Rechtspopulismus auf: die EU, die Einwanderung, die Muslime, die angeblich vorherrschende linke »politische Korrektheit« und die Pluralisierung sexueller und kultureller Lebensformen. In vielen europäischen Ländern dienen diese Themen zur Mobilisierung von Kampagnen und stellen einen breitenwirksamen Anknüpfungspunkt für nationalistische und rassistische Politikansätze dar. So zeigte die von der *Schweizerischen Volkspartei* im Februar 2014 erfolgreich durchgeführte Volksinitiative gegen Masseneinwanderung die Wirkungsmächtigkeit rassistisch grundierter Kampagnen gegen Einwanderer. Doch in Deutschland ist es Parteien vom rechten Rand nicht gelungen, diese Themen in Wahlerfolge umzumünzen. Trotz hoher Zustimmungsraten in Umfragen zu nationalistischen, fremdenfeindlichen und autoritaristischen Einstellungen scheuen sich breitere Bevölkerungskreise, einer Partei vom rechten Rand ihre Stimme zu geben. Aufgrund der NS-Geschichte besteht in diesen ressentimentgeladenen Milieus in den bürgerlichen Mittelschichten eine weit verbreitete Scheu davor, offen mit Rechtsextremismus in Verbindung gebracht zu werden.

Die erfolgreiche populistische Rechte in unseren Nachbarländern sucht daher nach einem neuen politischen Akteur in Deutschland. In der Rede zum Wahlkampf der rechtspopulistischen Partei *Die Freiheit* im September 2011 verdeutlichte der niederländische Rechtspopulist Geert Wilders dieses Anliegen: »*Deutschland ist nicht in derselben glücklichen Lage wie die Niederlande. Als ich das letzte Jahr hier war, hatte Thilo Sarrazin gerade sein Buch ›Deutschland schafft sich ab‹ veröffentlicht. Sarrazins Buch war ein Bestseller. Es traf einen Nerv. Über eineinhalb Millionen Exemplare wurden verkauft. Dies zeigt, dass die deutsche Gesellschaft für einen Wechsel reif ist.*«

Laut Wilders konnte dieser Erfolg jedoch noch nicht parteipolitisch verankert werden: »*Eure Situation hat sich verschlechtert, weil ihr – bis jetzt – noch keine Partei mit genug Wählerunterstützung habt, um die deutsche Politik zum Besseren zu wenden. Deutschland braucht eine rechte Partei, die nicht belastet ist mit Neonazi-Verbindungen und durch Antisemitismus, sondern die anständig und respektabel und auch standfest ist.*«[3]

---

[3] Geert Wilders: Rede zum Wahlkampf der Partei Die Freiheit in Berlin am 3.9.2011, www.diefreiheit.org/rede-von-geert-wilders-am-3-september-2011-in-berlin/, abgerufen am 13.2.2012.

Einleitende Vorbemerkungen

Die rechtspopulistische Splitterpartei *Die Freiheit* war außerstande, diese Lücke zu füllen.[4] Ein Teil ihrer Aktivisten suchte sich daher in der AfD ein neues Betätigungsfeld. Einher mit ihren Wahlerfolgen geht die programmatische Erweiterung der AfD, die sich auch in der öffentlichen Wahrnehmung zunehmend als kompatible Partei zu den Thesen von Thilo Sarrazin entwickelt: Die Einwanderung und das angebliche Aussterben der Deutschen, die Muslime und der so genannte Tugendterror der politischen Korrektheit – all diese rechtspopulistischen Reizthemen gewinnen in der AfD propagandistische Entsprechung. Deutliche Anzeichen für eine rechtspopulistische Stoßrichtung finden sich etwa in ihrem sächsischen Wahlprogramm, wo unter anderem die Forderung nach Volksabstimmungen über den Minarettbau aufgenommen worden ist. Ebenso fand die Forderung nach einer Quote für deutschsprachige Musiktitel in Hörfunk und Fernsehen Eingang in das Programm. Zudem hatte die AfD keine Skrupel, sich im ostdeutschen Wahlkampf zugleich als Anwalt des unzufriedenen Volkes zu inszenieren, indem sie der Wählerschaft sowohl ein Protestventil als auch die entsprechenden Feindbilder anbot: die »Altparteien« und die Zuwanderer. Das Ganze wurde zudem populistisch angereichert mit regressiv-nostalgischen Rückgriffen auf den angeblichen Segen der DDR-Sicherheitspolitik und Parolen wie »Sichere Grenzen statt grenzenloser Kriminalität«.

In diesem Buch geht es in erster Linie um die Frage nach der Verortung der Partei im Spektrum der nationalliberalen, konservativen und populistischen Rechten. Zudem wird erörtert, ob mit dem politischen Wirken dieser neuen Partei die bislang in Deutschland noch vorhandene rechtspopulistische Lücke geschlossen werden könnte. Diese Schwerpunktsetzung resultiert aus meiner beruflichen Tätigkeit als Mitarbeiter des Forschungsschwerpunktes Rechtsextremismus/Neonazismus der FH Düsseldorf. Dies hat zur Folge, dass weitere wichtige Fragestellungen zur AfD in diesem Buch unterbelichtet oder gar unberücksichtigt geblieben sind. Dies betrifft in besonderem Maße Fragen zur besonderen Bedeutung der Familien- und Geschlechterpolitik der AfD und ihrer Chance zur Formierung eines neuen hegemonialen Blocks rechter euroskeptischer politischer Akteure und die daraus abzuleitende Frage nach dessen ökonomischer Anschlussfähigkeit. Eine besondere Herausforderung in der weiteren Auseinandersetzung mit der AfD besteht meiner Ansicht nach darin, Forschungen zum rechten Po-

---

[4] Siehe dazu näher Kapitel 2.2

pulismus mit den genannten Fragestellungen enger zu verzahnen. Die folgenden Ausführungen sollen hierzu Anknüpfungspunkte aufzeigen.

Der vorliegende Text ist eine von mir überarbeitete Neufassung einer Expertise, die ich unter Mitarbeit von Rainer Roeser, Horst Teubert, Christoph Schulze und Paul Wellsow im Frühjahr 2014 für den DGB-Bundesvorstand erstellt habe. Rainer Roeser hat für dieses Buch das fünfte Kapitel zu rechten Erscheinungsformen in den AfD-Landesverbänden überarbeitet. Die Kapitel 7.1 und 7.2 sind einer von mir ebenfalls gemeinsam mit Rainer Roeser erstellten Broschüre entnommen, die von der *Mobilen Beratung in Thüringen. Für Demokratie – gegen Rechtsextremismus* herausgegeben worden ist.[5]

Dieses Buch soll als Hintergrundinformation zur vertiefenden Auseinandersetzung mit der AfD dienlich sein und Anregungen für weiter notwendige Diskussionen über Handlungsanforderungen gegenüber der Herausbildung eines neuen rechten politischen Blocks in Deutschland geben.

Alexander Häusler

---

[5] Häusler/Roeser 2014. Weitere Vorarbeiten zum Text sind einer vorangegangenen Studie für die Heinrich-Böll-Stiftung NRW entnommen (Häusler u.a. 2013). Literatur aus Büchern wird in den Fußnoten »amerikanisch« angemerkt und in der Literaturliste am Schluss nachgewiesen.

1. Ideologische Verortung

Auf dem Gründungsparteitag der AfD am 14. April 2013 hielt deren Sprecher Konrad Adam eine Rede, in der er zum Populismus Stellung bezog: »Wenn unsere Volksvertreter ihre Aufgabe darin sehen, das Volk zu entmündigen, sollten wir selbstbewusst genug sein, den Vorwurf des Populismus als Auszeichnung zu betrachten«, erklärte er unter großem Zuspruch seiner Zuhörerschaft.[6]

Zwar versucht die Partei in öffentlichen Stellungnahmen, sich vom Rechtsextremismus abzugrenzen, und wehrt sich zugleich gegen eine Zuordnung zum Rechtspopulismus. Hinsichtlich ihres Mitgliederspektrums dient die AfD jedoch neben dem Zulauf von ehemaligen CDU- und FDP-Anhängern zugleich als neues Auffangbecken für den äußeren rechten Rand. Ihre Verortung rechts von der CDU entspricht der Selbsteinschätzung eines Großteils ihrer Mitglieder sowie ihres Führungspersonals. So bezog der AfD-Spitzenkandidat zur Europawahl, Hans-Olaf Henkel, in seiner Aschermittwochsansprache im niederbayerischen Osterhofen Stellung zum Vorwurf der Rechtslastigkeit seiner Partei. Die *Junge Freiheit* zitiert ihn wie folgt: »*Nach Ansicht von Henkel sei ›nichts falsch daran‹, rechts zu sein: ›Der Kampf gegen Rechts ist eine Unverschämtheit.‹ Rechts dürfe nicht mit rechtsextrem verwechselt werden. ›Die politische Landschaft ist nach links gerückt, deswegen stehen wir rechts. Aber wir stehen richtig.‹*«[7]

Damit reiht sich die AfD ein in das rechte europaskeptische Parteienspektrum ein, das trotz politischer Unterschiede ein gemeinsames Bestreben zur Nationalisierung des Politischen sowie offen antisozialistische und zuwanderungsfeindliche Positionierungen aufweist. Die parteipolitischen Ausrichtungen der europaskeptischen Rechten zeichnet eine große Spannbreite aus. Sie reichen von offen rassistischen und neofaschistischen bis hin zu nationalliberalen und nationalkonservativen Positionen. Diese Ansichten werden von ihren Vertretern meist in einem rechtspopulistischen Stil vertreten: einer Selbststilisierung als »Anwälte des Volkes«, die die »nationalen Interessen« vertreten, welche von den »Alt-Parteien« im Zuge transnationaler Politik in Europa »verraten« würden. Solche Ausrichtungen zeigen

---

[6] Adam, Konrad: Rede im Wortlaut. afd-opf.de/konrad-adam-auf-dem-gruendungsparteitag-in-berlin/, abgerufen am 5.8.2013.

[7] Brückner, Thorsten: »Crazy-Horst« und das »Pin-up Girl für enttäuschte Konservative«, in: Junge Freiheit vom 5.3.2014.

sich auch bei der AfD, die mit nationalistisch grundierten Parolen gegen die Euro- und transnationale Europapolitik sowie gegen Zuwanderung und »Sozialtourismus« ihren Wahlkampf zur Europawahl 2014 bestritten hat.

Die AfD steht damit in einem Zusammenhang mit dem Aufkommen neuer rechter Parteien, die im Zuge der Erosion wohlfahrtsstaatlicher Politik in Europa infolge des Abbaus von sozialen Standards und Standortkonkurrenz zunehmend marktradikale und wohlstandschauvinistische Positionen vertreten und diese mit (Standort-)Nationalismus verknüpfen. Massenarbeitslosigkeit und strikte Austeritätspolitik im krisengeschüttelten Europa erwirken ein Erstarken des rechten Randes im politischen Gefüge. Dieses Erstarken beruht nicht zuletzt auch auf einer seit den 1970er Jahren zunehmenden Dominanz neoliberaler Politikkonzepte, die der Rechtsextremismusforscher Richard Stöss so beschreibt: »Eine übertriebene wohlfahrtsstaatliche Politik – so die neoliberalen Kritiker – habe die öffentlichen Haushalte überlastet, die Selbststeuerungskräfte des Markts geschwächt, unternehmerische Initiative behindert und damit der Wettbewerbsfähigkeit der Wirtschaft insgesamt schwer geschadet. Um ihr zu neuer Blüte zu verhelfen, müsse sie von ihren bürokratischen Fesseln befreit, staatliche Intervention auf das unbedingt notwendige Mindestmaß zurückgeschraubt und die Staatsverschuldung konsequent abgebaut werden. Für die Lösung der sozialen Probleme seien in erster Linie die Bürger/innen selbst verantwortlich, staatliche Leistungen sollten nur bei Härtefällen gewährt werden. Mit der Bildung der neoliberalen und neokonservativen Regierungen unter Margaret Thatcher in Großbritannien (1979) und Ronald Reagan in den USA (1980), deren Programm auf die Kurzformel ›freie Wirtschaft plus starker Staat‹ gebracht wurde, gerieten nicht nur die sozialdemokratischen Parteien Europas unter starken politischen Druck, zumal sich die Wirtschafts- und Finanzkrisen in den westlichen Industriegesellschaften weiter vertieften. Auch die bürgerlichen Parteien wurden für die krisenhaften Entwicklungen verantwortlich gemacht.«[8]

Die populistische Rechte hat sich in vielen europäischen Ländern neoliberalen Politikvorstellungen angenähert und diese mit nationalistischen Vorstellungen vermischt. Im Kontext der Wirtschaftskrise und der kurzfristig aufgekommenen Skepsis gegenüber der neoliberalen Doktrin staatlichen und sozialpolitischen Deregulierungszwangs reicherten rechtspopulistische Parteien ihre politische Agenda mit nationalistischem Sozialpopulismus an:

---

[8] Stöss 2010: 175.

1.1 Zwischen Nationalliberalismus und Rechtspopulismus

»Unser Geld für unsre Leut'« – dieser von der rechtspopulistischen *Freiheitlichen Partei Österreichs* (FPÖ) kreierte Slogan kann als stilprägend für den rechten Wohlstandschauvinismus gelten. »Keine fremden Schulden auf Deutschlands Bürger abwälzen«,[9] so klang es im Bundestagswahlkampf 2013 auf Plakaten der AfD. Damit changiert die Partei zwischen elitärem Wirtschaftsliberalismus und einem gegen EU und Zuwanderung gerichteten Sozialpopulismus.

1.1 Zwischen Nationalliberalismus und Rechtspopulismus

Der Mitbegründer und stellvertretende Sprecher der AfD, Alexander Gauland, beschrieb in einem Beitrag für die *Frankfurter Allgemeine Zeitung* die politische Zusammensetzung seiner Partei als Versammlung zweier Gruppen: der »volkswirtschaftlich gebildeten Wirtschaftsliberalen« und der »Protestwähler«, welchen er »nationalkonservative« sowie »nationalliberale« Orientierungen zuordnet.[10] Für die erstgenannte Gruppe, die »Gegner von Euro und Brüsseler Eurokratie«, sei die AfD »ein liberales Projekt, das die FDP hätte umsetzen müssen und das sie zu ihrem Schaden verschmäht hat«, so Gauland. Die zweitgenannte Gruppe bestehe aus Menschen, »denen das Laissez-faire der modernen Gesellschaft viel zu weit geht, die Werte, Strukturen und Haltungen vermissen, die bei Eltern und Großeltern noch selbstverständlich waren«. Dazu zählt für Gauland, dass »eine Familie aus Vater, Mutter und Kind besteht, die heimische Erziehung der Normalfall sein sollte und multikulturelle Gesellschaften mehr Probleme als Freude bereiten«, sowie die Abneigung gegenüber »den Torheiten des modernen Feminismus wie des Gendermainstreamings«.

Diese Selbstdarstellung verdeutlicht einerseits, aus welchen politischen Orientierungen und Milieus sich die AfD zusammensetzt: Aus einer Strömung neoliberaler Euro- und EU-Skeptiker in Anlehnung an den »Schäffler-Flügel« der FDP (siehe hierzu Kapitel 4.1, S. 68) sowie aus einer Strömung nationalliberaler und nationalkonservativ gesinnter Protestwähler. Anderseits offenbart diese Eigenbeschreibung der AfD durch einen ihrer führenden Vertreter aus dem nationalkonservativen Spektrum zugleich

---

[9] Plakatmotive einsehbar unter eurokritiker.com/2013/07/23/ein-alternatives-plakat/, abgerufen am 2.2.2014.
[10] Gauland, Alexander: Die AfD in der Krise, in: FAZ vom 24.1.2014.

den Versuch, eine dritte Gruppe auszuklammern, die das politische Erscheinungsbild der AfD gleichfalls mitprägt: die Rechtspopulisten, die gegen die Einwanderung, die Muslime sowie gegen Gleichstellung von Minderheiten aufbegehren und die eine Allianz mit anderen rechtspopulistischen Bewegungen und Parteien befürworten. In der Realität überschneiden sich diese drei Gruppen bei einigen Sachfragen in ihren jeweiligen Grundüberzeugungen und sind daher nicht losgelöst voneinander zu betrachten. Um zu einer genaueren Verortung der AfD kommen zu können, werden folgend die Begrifflichkeit und die politische Bedeutung von Nationalliberalismus, Nationalkonservatismus und Rechtspopulismus erläutert.

1.2 National- und Radikalneoliberalismus

Im Online-Wörterbuch der FDP-nahen *Friedrich-Naumann-Stiftung* wird der Nationalliberalismus als historisch prägende Strömung des politischen Liberalismus dargestellt: »Diejenigen, die den von Bismarck maßgeblich geschaffenen Nationalstaat begrüßten, ihn zugleich aber liberal umformen wollten, organisierten sich 1867 in der Nationalliberalen Partei und stellten zwei Jahrzehnte lang die stärkste politische Kraft. Mit ihr erreichte der organisierte Liberalismus nach dem Urteil mancher Historiker seinen größten politischen Einfluss in Deutschland. Zugleich litt die Partei aber unter einem permanenten inneren Konflikt darüber, wem im Zweifel das Primat zukommt: der Nation oder der Freiheit? Als Folge wurde der Nationalliberalismus immer wieder von internen Kämpfen und Abspaltungen heimgesucht; das Schicksal von Stresemanns ›Deutscher Volkspartei‹ ist dadurch gekennzeichnet. Mit ihrem Ende 1933 war auch die parteibildende Kraft des Nationalliberalismus aufgezehrt, sein Erbe hat aber in der FDP auf die eine oder andere Weise eine nicht unwichtige Rolle gespielt.«[11]

Während die *Deutsche Volkspartei* (1918-1933) die Weimarer Republik ablehnte und »die Interessen von Banken, Schwerindustrie und Exportwirtschaft«[12] vertrat, traten Nationalliberale nach dem Zweiten Weltkrieg bei der FDP in Erscheinung. Nun hatte die FDP schon in den 1950er Jahren

---

[11] Frölich, Jürgen: Nationalliberalismus, www.politik-fuer-die-freiheit.de/webcom/show_page.php/_c-111/_nr-1/i.html, abgerufen am 22.2.2014.

[12] Schubert, Klaus/Klein, Martina (2011): Das Politiklexikon, Bonn, hier www.bpb.de/nachschlagen/lexika/17345/deutsche-volkspartei-dvp, abgerufen am 20.12.2013.

1.2 National- und Radikalneoliberalismus

durch den Einfluss des ehemaligen Nationalsozialisten Werner Naumann einen nationalliberalen Flügel mit rechtsradikalem Einfluss. Mit der *Liberalen Gesellschaft* unter Alexander von Stahl begann in der FDP Ende der 1970er Jahre die Wiederbelebung des Rechtsliberalismus, der 1995 mit der von Stahl gemeinsam mit Heiner Kappel und Achim Rohde gegründeten *Liberalen Offensive in der FDP* seine Fortsetzung fand. Kappel wirkte kurze Zeit später als stellvertretender Vorsitzender des nationalliberalen und rechtspopulistischen *Bundes freier Bürger – Offensive für Deutschland* (BFB).[13] Vorbild für den nationalliberalen FDP-Flügel jener Zeit war die *Freiheitliche Partei Österreichs* (FPÖ) unter dem schillernden Rechtspopulisten Jörg Haider. Doch das Bestreben einer »Haiderisierung«[14] misslang.

Für Teile der »Neuen Rechten«[15] hingegen dient der Nationalliberalismus dazu, rechte und nationalistische Politik unter dem Stichwort »liberal« hoffähig zu machen. So wird der Nationalliberalismus in einem Nachtrag zu einem vom neurechten Institut für Staatspolitik herausgegebenen »Alternativen Verfassungsschutzbericht« zur Leitlinie neurechter Politik erklärt: »Eine wirkliche liberale Politik, die notwendigerweise gegen derartigen ›Verfassungsschutz‹ gerichtet sein muß, würde konkret der politischen Rechten zu Gute kommen, so daß es sich für die FDP auch empfiehlt, selbst die rechte Rolle des deutschen Parteienspektrums (wieder) zu übernehmen (die ihr in der Sitzanordnung des Deutschen Bundestages bereits zugewiesen ist), um so die bundesdeutschen Verhältnisse zu normalisieren. Demokratisch normale Verhältnisse bedeuten nämlich, daß es nicht nur Parteien der politischen Linken und der linken ›Mitte‹ gibt, sondern auch Rechtsparteien. Diese rechte politische Rolle zu übernehmen, läge im Eigeninteresse des Liberalismus; denn in der Hochphase des deutschen Liberalismus stellte er in der Tat in Form des National-Liberalismus erfolgreich die rechte Partei dar. Wie der Blick auf das westliche Ausland wie Belgien, Niederlande und Dänemark zeigt, sofern man den Blick nach Österreich scheut, könnten die Liberalen mit einer wirklich liberalen, d.h.

---

[13] Siehe näher Kapitel 1.3.
[14] Dittberger 2010: 74.
[15] Vgl. exemplarisch: Stöss, Richard (2007): Die »neue Rechte« in der Bundesrepublik, www.bpb.de/politik/extremismus/rechtsextremismus/41435/die-neue-rechte-in-der-bundesrepublik?p=all, abgerufen am 12.12.2013.

politisch rechten Politik bis zu einem Drittel der Wähler gewinnen, zumindest stärker werden als Christdemokratie und Sozialdemokratie.«[16]

Die nationalliberale Rechte hat sich auf der Grundlage der seit den 1980er Jahren vorherrschenden Dominanz neoliberaler Wirtschaftskonzepte zu erneuern versucht und sucht jetzt im Kontext der Krise in Europa nach neuen Anknüpfungspunkten für zugleich nationalistische wie wohlstandschauvinistische Interventionen. Doch auch in der gesellschaftlichen Mitte und in öffentlichen Diskursen treten vergleichbare Vorstellungen zutage. In seiner empfehlenswerten Kritik neoliberaler Menschen- und Gesellschaftsbilder hat der Politikwissenschaftler Frank Nullmeier aufgezeigt, wie im Kontext der Krise aus neoliberalen Grundpositionen ein »Radikalneoliberalismus« entfaltet wurde. Denn als durch die europäische Krise das neoliberale Konzept in eine Legitimationskrise geriet, sind laut Nullmeier »in dieser Phase publizistische Versuche zu registrieren, die ungelösten theoretischen und politisch-ideologischen Probleme des Neoliberalismus mit konzeptionellen Experimenten zwischen Radikalneoliberalismus und neuen Formen von Nationalismus zu lösen«.[17] Als ein erstes öffentlichkeitswirksames Signal hierzu sei die »Sloterdijk-Honneth-Debatte« Ende des Jahres 2009 einzuordnen: Der Philosoph Peter Sloterdijk hatte in einem Beitrag in der *Frankfurter Allgemeinen Zeitung* zu einem »fiskalischen Bürgerkrieg« gegen einen »steuerstaatlich zugreifenden Semi-Sozialismus« aufgerufen.[18] In seiner Replik in der *Zeit* erwiderte der Sozialphilosoph Axel Honneth: »Mit dem Mut des Freidenkers prüft Sloterdijk, mit welchen Mitteln die historischen Gewinner, die Reichen und Vermögenden, dem grausamen Spiel der stets wachsenden Beschämung ihrer Leistungen ein Ende setzen könnten; das Ergebnis dieses In-sich-Gehens stellt der Artikel Die Revolution der gebenden Hand dar.«[19]

Laut Nullmeier ist im Hayekschen Marktmodell[20] die »Rechtfertigung von Ungleichheit nicht gelöst. Darauf reagiert die post-neoliberale Publizistik

---

[16] Schüßlburner, Josef (2011): Verfassungsfeindlicher Liberalismus: Nationalliberalismus oder Liberalextremismus? links-enttarnt.net/?link=verfassungsschutz&id=32, abgerufen am 12.12.2013.
[17] Nullmeier 2010: 7.
[18] Sloterdijk, Peter: Die Revolution der gebenden Hand, in: FAZ vom 13.6.2009.
[19] Honneth, Axel: Fataler Tiefsinn aus Karlsruhe, in: Die Zeit vom 25.9.2009.
[20] Nach dem Vordenker des Neoliberalismus, Friedrich August von Hayek (1899-1992), kann es keine soziale Gerechtigkeit geben, da Gerechtigkeit allein durch die Gesetze des freien Marktes geschaffen werde.

mit dem Versuch, Ungleichheit substanziell zu begründen.«[21] Eine Steigerung der Sloterdijk-Thesen sei bei Thilo Sarrazin nachzulesen, da dieser einen »Einstieg in eine negativ-selektive Bevölkerungspolitik auf der Ebene öffentlicher Kommunikation erreicht« habe: »Diese Sarrazinsche Konzeption beruht auf zwei Elementen: auf einem radikalisierten Neoliberalismus, der die Bevölkerungsgruppengrößen in ihrer ökonomischen Nützlichkeit vergleicht« und danach zu selektieren bestrebt ist, sowie auf der »Unterstellung abgrenzbarer Bevölkerungsgruppen mit bestimmten Intelligenzpools, die in Sarrazins Sicht überwiegend genetisch bedingt sind und vererbt werden.«[22]

Ob biologistisch oder kulturell hergeleitet – das Selektieren von Menschengruppen nach ihrer ökonomischen Nützlichkeit bedarf einer kollektiven »Rechtfertigung«: Diese wird in der von Nullmeier als »radikalneoliberalistisch« bezeichneten post-neoliberalen Strömung hergeleitet aus einem angeblich »nationalen Interesse«. Solche Herleitungen finden, wie im Weiteren gezeigt wird, deutlichen Anklang im politischen Selbstverständnis der AfD.

1.3 Nationalkonservatismus

Der Konservatismus beharrt auf der Gültigkeit überlieferter Ordnungen und Tugenden. In ihrer tiefgehenden kritischen Auseinandersetzung mit antidemokratischen Tendenzen im Konservatismus hat die Politikwissenschaftlerin Helga Grebing schon Anfang der 1970er Jahre diese Tugenden zusammengefasst: »Der Katalog der Tugenden, deutsch und bürgerlich genannt, trägt die alten Farben: Pflichttreue, Sauberkeit, Pünktlichkeit, Ehrlichkeit, Ehrerbietung, Fleiß, Sparsamkeit, Disziplin, Präzision, Erfindungsreichtum, sachliches Leistungsbewußtsein, Hingabe, Dienstleistungsbereitschaft für die Gemeinschaft, Verantwortlichkeit (im Maße des durch den Tugendkatalog gesetzten Rahmens). Jeder soll, gemessen an der natürlichen, unverletzlichen Seinsfülle des Geschöpfes Mensch und seinem jeweiligen Stande entsprechend, seine Ehre haben.«[23]

---

[21] Nullmeier 2010: 19.
[22] Ebd.: 23.
[23] Grebing 1971: 361.

Laut Grebing unterfüttern diese Tugenden die Vorstellungen von einer erwünschten hierarchischen Ordnung des Staates und der Gesellschaft, funktionierend »in Analogie zum Organismus« oder in anderen Fällen als Wunsch zur Wiederherstellung der »Klassengesellschaft des 19. Jahrhunderts als natürliche Ordnung«. Dabei werde eine hierarchische Gesellschaftsstruktur begründet »mit neo-sozialdarwinistischen Argumenten«. Das erklärte Ziel solcher hierarchisch-paternalistischer Ordnungsvorstellungen sei, »echte Volksordnung in einem neuen Sinne zu schaffen, damit sich alle als eine partnerschaftliche Leistungsgemeinschaft (im Interesse der optimalen Nutzung der Produktivkräfte) verstehen können«. Ein solches Gesellschafts- und Freiheitsverständnis habe daher »entpolitisierten, privaten Charakter und ist bar aller Impulse zur Inganghaltung des Demokratisierungsprozesses«.[24]

Die AfD repräsentiert neben den von dem FDP-Kurs enttäuschten Neoliberalen zugleich den schon von Grebing beschriebenen Typus von Konservatismus: Dort sind es die Nationalkonservativen, denen der Unionskurs unter Bundeskanzlerin Merkel als Ausdruck einer schleichenden Sozialdemokratisierung gilt. Als »Muttis Ödnis« bezeichnet dies der AfD-Sprecher Konrad Adam in plakativer Wortwahl in einem noch vor der AfD-Gründung in der Jungen Freiheit publizierten Beitrag: »Konservative haben es schwer in einer Zeit, die auf Veränderung setzt und dem Fortschritt huldigt. Und nirgends schwerer als in Deutschland, wo man nur ›konservativ‹ mit ›rechts‹ und ›rechts‹ mit ›faschistisch‹ gleichsetzen muß, um einen, der sich so nennt oder nennen läßt, im Handumdrehen zu erledigen.« Nach Adam wisse die Union mit »konservativen Ideen nichts mehr anzufangen«. Sie unterscheide sich von einem Hühnerhof vor allem dadurch, »daß es kein Gockel, sondern eine Kampfhenne ist, die hier den Ton angibt«. Daraus erwächst für Adam die Chance für einen »aufgeklärte(n) Konservatismus, der die Weisheit der Institutionen gegen die Willkür, die Fahrlässigkeit oder die Dummheit ihrer Benutzer verteidigt«.[25]

Mit diesen Vorstellungen steht Adam als Vertreter nationalkonservativer Ordnungsvorstellungen nicht alleine da. In seiner »Anleitung zum Konservativsein« formulierte Alexander Gauland lange vor der Gründung der AfD eine Abgrenzung von Liberalismus und Konservatismus: »Wir werden es künftig mit zwei kulturellen Milieus zu tun haben, einem liberal-in-

---

[24] Ebd.: 429f.
[25] Adam, Konrad: Muttis Ödnis, in: Junge Freiheit vom 31.8.2012.

1.3 Nationalkonservatismus

dividualistischen, das sich für Zuwanderung, die Anerkennung von homosexuellen Lebensgemeinschaften und jede Art von Selbstverwirklichung stark macht, und einem wertkonservativen, das auf einer verbindlichen Identität aus moralischen Prinzipien und abendländischen Traditionen besteht und wirtschaftlichen Notwendigkeiten wie wissenschaftlichen Erfolgen eher skeptisch gegenübersteht, also nicht mehr das bürgerliche Lager gegen die Sozialdemokratie, sondern Konservative versus Liberale in allen Parteien.«[26]

Aus den Schilderungen wird jedoch klar, dass mit den Liberalen eben nicht die Nationalliberalen gemeint sind, welche die beschriebenen liberalen Positionen ebenfalls ablehnen. Ebenso wie im Liberalismus existieren auch im Konservatismus politische Schnittmengen mit der so genannten Neuen Rechten als »Grauzone zwischen Konservatismus und Rechtsextremismus«.[27] So definiert etwa der katholische Theologe und Politikwissenschaftler Felix Dirsch die »Neue Rechte« als »konservative Intelligenz der 1990er Jahre«: »Es handelt sich um politisch-publizistische Erscheinungen am rechten Rand des politischen Spektrums, die z.T. radikales, aber kein extremistisches Gedankengut transportieren.«[28] Dirsch zählt hierzu explizit die neurechte Wochenzeitung *Junge Freiheit*, für die er auch selbst Beiträge verfasst. In dieser Zeitung wird sich zeit ihres Bestehens darum bemüht, publizistisch der Herausbildung einer neuen Partei rechts von den Unionsparteien zum Erfolg zu verhelfen. So problematisiert es diesbezüglich der JF-Chefredakteur Dieter Stein: »Seit dem Untergang der Deutschen Partei vor fünfzig Jahren sind Dutzende Anläufe gescheitert, bürgerliche Protestparteien alternativ zu CDU/CSU und einer unter sozialliberalen Bundesregierungen ab 1969 nach links gewendeten FDP zu etablieren.«[29]

Die *Deutsche Partei* trat nach dem Zweiten Weltkrieg bis in die 1950er Jahre als nationalkonservative Kraft gegen die Bodenreform, betriebliche Mitbestimmung und gegen linke Politik in Erscheinung.[30] Was Stein zudem noch unter »bürgerlichen Protestparteien« versteht, zeigen seine weiteren Ausführungen: »Zwei aus der CSU ausgetretene Bundestagsabgeordnete gründeten 1983 die rechtskonservativen Republikaner, die 1989 mit sieben Prozent in das Europaparlament einzogen und dem Bundestagseinzug

---
[26] Gauland 2002: 96.
[27] Vgl. Martino 1992.
[28] Dirsch 2012: 249.
[29] Stein, Dieter: Das blaue Wunder, in: Junge Freiheit vom 20.9.2013.
[30] Vgl. Schmollinger 1983: 1025-1111.

nahe kamen. Sie scheiterten auf Bundesebene aber genauso wie der 1994 von FDP-Dissidenten und prominenten Klägern gegen den Euro-Maastricht-Vertrag gegründete Bund freier Bürger (BFB), der später in Streit und Spaltungen unterging.«[31]

Sowohl die radikal rechts gerichteten *Republikaner* als auch der rechtspopulistische Bund freier Bürger haben inhaltlich wie auch personell die Grenzen zwischen der konservativen und der extremen Rechten aufgebrochen. Nach deren Erfolglosigkeit sieht Stein nun in der AfD den neuen parteipolitischen Hoffnungsträger: »Der Durchbruch der AfD öffnet eine politische Option. Jahrzehnte galt unumstößlich auf Bundesebene das vom einstigen CSU-Chef Franz Josef Strauß aufgestellte Prinzip, rechts neben der Union dürfe es keine ›demokratisch legitimierte Partei‹ geben. Abgesehen davon, ob sich die Alternative für Deutschland selbst als ›rechts‹ in der politischen Gesäßgeographie positioniert – sie wird als bürgerlich-konservative Bewegung verortet und hat sich in groben Umrissen auch eine entsprechende Programmatik gegeben.«[32]

Aus diesen Äußerungen wird ersichtlich, dass die inhaltlichen Schnittmengen zwischen Nationalliberalen und Nationalkonservativen im Bereich von paternalistisch-hierarchischen, antiegalitären, besitzstandswahrenden und nationalistischen Ordnungsvorstellungen liegen. Um diese elitären und ausgrenzenden Vorstellungen breitenwirksam kompatibel zu machen, bedarf es einer ansprechenden Form der politischen Repräsentation. Viele europäische Rechtsaußenparteien nutzen hierzu rechtspopulistische Stilmittel, um elitäre Gesellschaftsvorstellungen wählerwirksam als Artikulation eines angeblichen »Volkswillens« zu verkaufen.

1.4 Rechtspopulismus

In der öffentlichen Debatte wird der Begriff des Rechtspopulismus oft als eine »weichere« oder harmlosere Form des Rechtsextremismus gedeutet. Real treten jedoch sowohl extrem rechte als auch rechtskonservative Gruppierungen rechtspopulistisch in Erscheinung. Rechtsextremismus kann als Sammelbegriff für die Bündelung autoritärer, nationalistischer

---
[31] Stein a.a.O.
[32] Ebd.

1.4 Rechtspopulismus

und rassistischer Gesellschaftsvorstellungen verstanden werden.[33] Als Variante findet in der Forschung zunehmend der Begriff »extreme Rechte« zur Kennzeichnung des äußeren rechten Randes des politischen Spektrums Verwendung.[34] Er umfasst das gesamte Rechtsaußen-Spektrum von der Grauzone zwischen rechtskonservativen und rechtsextremen Zirkeln bis hin zu offen neonazistischen Szenen und weist folgende inhaltliche Zuordnungskriterien auf:
- völkisch-nationalistische Ausprägungen
- rassistische und antisemitische Ausprägungen
- autoritäre Politikvorstellungen
- Ablehnung des gesellschaftlichen Gleichheitsprinzips
- Diskriminierung von Minderheiten
- Ethnisierung/Nationalisierung sozialer und ökonomischer Problemlagen

Der Parteienforscher Oskar Niedermayer verwendet den Sammelbegriff der »ethnozentristisch-autoritären Parteifamilie« und subsumiert darunter gleichermaßen Parteien wie NPD, DVU, REP oder die Schill-Partei.[35]

Die signifikanten Unterscheidungsmerkmale zwischen der traditionellen extremen und der rechtspopulistisch modernisierten Rechten in Europa lassen sich anhand folgender Gegenüberstellung verdeutlichen:

Traditionelle extreme Rechte	Modernisierte Rechte
Positiver Bezug auf den Faschismus	Proklamierte Abkehr von der extremen Rechten
Offene Ablehnung der Demokratie	Taktische Befürwortung der »direkten Demokratie«
Proklamierter Systemsturz	Transformation der Demokratie nach rechts
Völkischer Rassismus, Antisemitismus	Ökonomisierung, Kulturalisierung und religiöse Verklausulierung des Rassismus
Feindbilder: Juden, Ausländer, Linke, Europäische Union	Feindbilder: Muslime, Multikulturalismus, linke Hegemonie (»political correctness«), EU-Bürokratie
Bezugspunkte: Rasse, Nation, Europa der Völker	Bezugspunkte: Tradition, Kultur, Region, Heimat

---

[33] Vgl. Roth 2010: 14f.; Decker/Weißmann/Kiess/Brähler 2010: 18.
[34] Vgl. Braun/Geisler/Gerster (Hrsg.) 2009: 9; Hafeneger/Schönfelder, Sven 2007: 15f.; Botsch 2012.
[35] Niedermayer 2004: 58.

1. Ideologische Verortung

Laut Karin Priester beruht der zeitgenössische Rechtspopulismus auf der Gleichsetzung vom Begriff des »Volkes« mit den »kleinen Leuten«, den ethnisch angestammten oberen und unteren Mittelschichten.[36] Nach Jean-Yves Camus zeichnet sich zudem eine Neuerung in der »Konstruktion eines politischen Programms der Exklusion, das auf Werten der Inklusion aufruht«, ab.[37] Das bedeutet: Der Rechtspopulismus greift selektiv auch demokratische und linke Werte auf, deutet sie um und fügt sie in sein ausgrenzendes Freund-Feind-Schema ein. So werden demokratische Errungenschaften, Freiheits- und Menschenrechte argumentativ dafür in Anspruch genommen, um Ausgrenzungsforderungen gegenüber Zugewanderten damit zu rechtfertigen, jene würden eben diese Rechte abschaffen wollen. Ein populistischer Politikstil kennzeichnet nicht bloß Parteien am rechten Rand, sondern zeigt sich auch bei politischen Repräsentanten quer durch die Parteienlandschaft.[38]

Im Unterschied zur traditionellen extremen Rechten treten Parteien der rechtspopulistisch modernisierten Rechten nicht offen demokratiefeindlich auf. Vielmehr inszenieren sie sich als »wahre Demokraten« und »Anwälte« der angestammten Bevölkerungsteile und bekunden, deren Interessen gegenüber einer als undemokratisch angeprangerten und transnational orientierten Politik zu »verteidigen«. Dabei werden breit vorherrschende Ängste gegenüber nationalem Souveränitätsverlust und drohendem sozialen und wirtschaftlichen Abstieg propagandistisch kanalisiert in eine Politik der Feindbilder. Damit greift der Rechtspopulismus höchst aktuelle Fragestellungen, wie die Integrationsfähigkeit von Einwanderungsgesellschaften oder demokratische Defizite im europäischen Krisenmanagement, auf und füllt diese politischen Leerstellen mit schlichten, reaktionären »Lösungsangeboten«. Dabei wird »das Volk« als homogenisierender Begriff für die unterschiedlichen Partikularinteressen angestammter Bevölkerungsteile in Kontrast zu der »politischen Klasse« gesetzt, welche angeblich zum Zwecke der eigenen Bereicherung die »nationalen Interessen« an eine undemokratische, multikulturelle und transnational orientierte Europäische Union verkauft habe.

---

[36] Priester 2008: 20.
[37] Camus, Jean-Yves (2011): Neue Aspekte der radikalen Rechten. In: transform! Europäische Zeitschrift für kritisches Denken und politischen Dialog. Nr. 8, S. 94.
[38] Im folgenden Abschnitt wird inhaltlich in wesentlichen Teilen zurückgegriffen auf Häusler 2012: 131-140.

1.4 Rechtspopulismus

Der Rechtspopulismus übersetzt den Nationalismus und Rassismus der traditionellen extremen Rechten in kulturell und/oder religiös umformulierte Feindbilder: die »schleichende Islamisierung«, den »bürokratischen Moloch EU«, die »Zerstörung kultureller Identität« durch den Multikulturalismus und die Linke als dessen »Steigbügelhalter«. Dabei inszeniert sich der zeitgenössische Rechtspopulismus kämpferisch als »demokratische Alternative« zum beschworenen kulturellen Untergangsszenario. Als Chiffre dieses rechten »Kulturkampfes« können die Schlagworte »Heimat, Glaube, Identität« genannt werden, die als reaktionär gefüllten Identifikationsangebote in Frontstellung gegenüber der transnational und multikulturell verfassten europäischen Demokratie gebracht werden. Die aus diesen Kreisen erhobenen Forderungen nach »mehr Demokratie« in Form von Volksentscheiden und Bürgerbegehren weisen eine selektive Inanspruchnahme partizipativer demokratischer Mitbestimmungsmöglichkeiten auf, die konterkariert werden von autoritären, undemokratischen und rassistischen Politikvorstellungen.

In Anlehnung an die Studien von Sebastian Reinfeld[39] lässt sich der rechtspopulistische Dualismus zwischen »Wir« und »Die Anderen« in Form eines Vierecks veranschaulichen:

Rechtspopulistisches Viereck
Dualismus zwischen »Wir« und »Die Anderen«

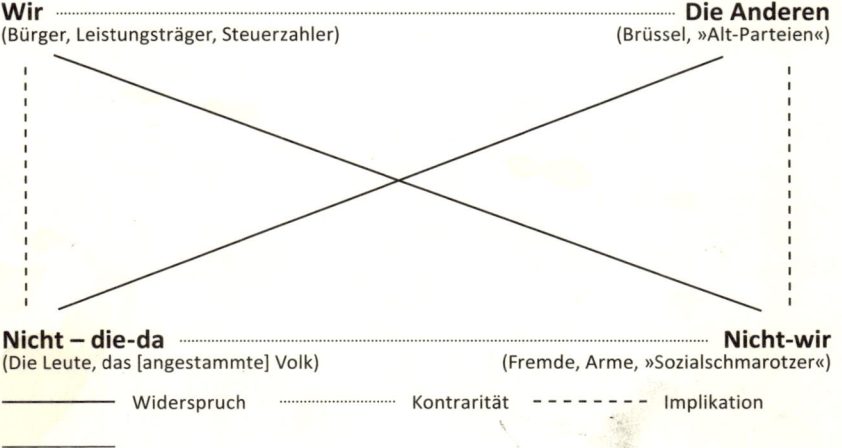

[39] Reinfeld 2013: 50.

Eine solche Kontrastierung vollzieht sich sowohl auf der vertikalen als auch auf der horizontalen Ebene: Während die rechtspopulistische Wir-Konstruktion einerseits elitär zentriert ist auf die bürgerlichen Mittelschichten in Abgrenzung zu denen, die nicht als »Leistungsträger« angesehen werden, wird anderseits ein integrierendes politisches Identifikationsangebot an »das Volk« gemacht. Dabei werden jedoch lediglich die angestammten Bevölkerungsteile angesprochen und zugleich propagandistisch abgegrenzt von nicht angestammten Bevölkerungsteilen. Während die Abgrenzung hierbei von oben nach unten verläuft, wird auf einer anderen Ebene in der Eigenkontrastierung zur »etablierten Politik« propagandistisch ein Unten-Oben-Gegensatz hergestellt. Zugleich wird dadurch auf der vertikalen Ebene propagandistisch eine scheinbare »Egalisierung« zwischen dem elitären »Wir« der angeblichen bürgerlichen »Leistungsträger« und dem »Volk« vollzogen. Damit werden die elitären, besitzstandswahrenden Partikularinteressen zu einem allgemeinen »Volksinteresse« umgedeutet und zugleich auf der vertikalen Ebene politische »Feindmarkierungen« vorgenommen: Demnach werden die Interessen »des Volkes« von unten bedroht durch die »Fremden« und »Sozialschmarotzer« sowie zugleich von oben vor allem durch die angeblich korrupten »Alt-Parteien«.

Damit hat diese Gegenüberstellung im Rechtspopulismus sowohl integrierenden als auch ausschließenden Charakter: So werden einerseits Implikationen zwischen dem »Wir« der »Leistungsträger« und dem »Volk« hergestellt und anderseits zwischen »denen-da-oben« und den »Fremden und Schmarotzern«, welche damit gleichermaßen zum »Fremdkörper« wie zur Bedrohung der »Wir«-Konstruktion stilisiert werden. Von Bedeutung ist, dass diese Abgrenzungen und Bedrohungskonstruktionen sowohl nach unten als auch nach oben gerichtet sind: Damit nimmt der Rechtspopulismus gezielt eine Sonder- und Außenseiterstellung ein, indem er ein »Wir«-Angebot zur Abgrenzung von den »Unterklassen« formuliert und zugleich gegenüber der »Oberklasse« in Form der »Politiker-Kaste«. Dies ermöglicht es der rechtspopulistischen Demagogie, Wohlfahrtschauvinismus, Anti-Sozialismus und Rassismus zu verknüpfen mit einem sich antipolitisch inszenierenden Sozialpopulismus, der zugleich den Unterklassen ein selektives Identifikationsangebot gegenüber »denen da oben« bieten kann.

Für die deutschen Rechtsaußen-Parteien gewann der Rechtspopulismus mit dem Aufkommen der Partei *Die Republikaner* (REP) unter der Führung des charismatischen Parteiführers Franz Schönhuber an Bedeutung. Mit Schönhuber, ehemals stellvertretender Chefredakteur des Bayerischen

1.4 Rechtspopulismus

Rundfunks und CSU-Abtrünniger, gewannen rassistische, deutschnationale und revisionistische Themen bei dieser Partei an Bedeutung.[40] Nach Einschätzung des Politikwissenschaftlers Steffen Kailitz vollzogen die REP eine Entwicklung von einer »bedeutungslosen Kleinpartei« hin zu einem zeitweise »erfolgreichen rechtspopulistischen Herausforderer«, um dann wieder aufgrund von wahlpolitischer Erfolglosigkeit den unfreiwilligen Rückweg in die politische Bedeutungslosigkeit zu beschreiten.[41]

Im Einklang mit der neoliberalen Ausrichtung anderer rechtspopulistischer Parteien gingen bei den REP Forderungen nach mehr Wettbewerb einher mit gewerkschaftsfeindlichen Forderungen. In einem 1989 verteilten Flugblatt forderten die REP, »das Machtkartell der ›Tarifautonomie‹ von Gewerkschaften, Arbeitgeberverbänden, Arbeitsjustiz und Parteien durch eine allen Arbeitenden verantwortliche ›konzertierte Aktion‹ ... (zu) brechen.«[42]

In Form der *Schill-Partei*, unter der charismatischen Führung des früheren Strafrichters Ronald Barnabas Schill, rückten ab dem Jahr 2000 so genannte Law-and-order-Themen in den Mittelpunkt rechtspopulistischer Rhetorik. Das Thema Islam hingegen war Hauptgegenstand rechtspopulistischer Agitation von Parteien des rechten Randes wie der Partei *Die Freiheit* und *pro Deutschland/pro NRW*. Doch all diesen Parteien gelang es bislang nicht, die in der Bevölkerung weit verbreiteten Ressentiments gegenüber Muslimen und Zuwanderern zu bündeln. Vor dem Aufkommen der AfD hatte der Rechtspopulismus in Deutschland parteipolitisch noch keine so breitenwirksame Resonanz wie in den europäischen Nachbarländern entfalten können.

---

[40] Vgl. Schomers 1990; Henning 1991; Pfahl-Traughber 1994: hier 65-82.
[41] Kailitz 2013: 380.
[42] Zitiert nach Schui/Ptak/Blankenburg/Bachmann/Kotzur 1997: 168.

2. Rechte Vorläuferparteien der AfD

Zwar hat sich die AfD mit ihrer geschickt gewählten Namensgebung und dem Euro-Thema in der Öffentlichkeit ein Alleinstellungsmerkmal sichern können, das ihr politischen Erfolg verschafft hat. Allerdings zeigt ein Rückblick in die deutsche Parteiengeschichte, dass Forderungen nach der Rückkehr zur D-Mark keine Erfindung der AfD gewesen sind. Schon im Jahr 2001 trat die Partei Pro Deutsche Mitte – *Initiative pro DM* (PRO DM) in Erscheinung. PRO DM war eine ebenfalls rechtspopulistische Partei, die 1998 auf Initiative des Millionärs Bolko Hoffmann gegründet und nach dessen Tod im Jahr 2007 aufgelöst wurde. Hoffmann war Hauptaktionär der Nachrichtenagentur ddp und Herausgeber der Finanz-Zeitschrift Effekten-Spiegel; er soll laut einem Bericht der Zeitschrift *Tempo* die REP bei deren Wahlkampf in Bayern finanziell unterstützt haben.[43] Obwohl die Programmatik von PRO DM viele Parallelen zu den Forderungen des ebenfalls rechtspopulistisch und eurofeindlich ausgerichteten Bund Freier Bürger aufwies, kam es nicht zu einer Zusammenarbeit, weil der BFB aus Hoffmanns Sicht »zu rechtslastig«[44] war.

2.1 Der *Bund Freier Bürger*

Die AfD wiederum weist in vielerlei Hinsicht politische Gemeinsamkeiten, inhaltliche Überschneidungen sowie zugleich auch personelle Kontinuitäten mit dem *Bund freier Bürger – Offensive für Deutschland/Die Freiheitlichen* (BFB) auf.

Diese Partei wurde im Jahr 1994 auf Initiative des früheren bayerischen FDP-Vorsitzenden Manfred Brunner gegründet. Brunner war 1992 aufgrund seiner ablehnenden Haltung zum Vertrag von Maastricht von seiner Stellung als EG-Beamter entbunden worden.[45] Laut Brunner wurde die Partei als »Bürgerbewegung für ein Europa der Nationen« gegründet.[46] Mit seinen Kampagnen gegen die Währungsunion war der BFB die erste Partei in Deutschland, die sich der Euro-Thematik zentral angenommen hat. Zu-

---

[43] Rechtsschutzinstitut 1997: 84.
[44] Hartleb 2013c: 315.
[45] Vgl. Grewe 1994.
[46] Brunner, Manfred, in: Junge Freiheit Nr. 11/1993; hier zitiert nach Schui u.a. 1997: 176.

2.1 Der Bund Freier Bürger

gleich trat der BFB in seinem Grundsatzprogramm von 1995 für Leistungsorientierung, nationale Identität und Heimatbewusstsein sowie gegen Korruption, Verschwendung und Parteienfilz ein und skizzierte seine politische Ausrichtung als »freiheitlich, marktwirtschaftlich, konservativ und national«.[47] Die Zusatzbezeichnung Die Freiheitlichen wurde in Anlehnung an die Freiheitliche Partei Österreichs (FPÖ) gewählt.

Brunner versuchte, durch die politische Annäherung an den österreichischen Rechtspopulisten Jörg Haider von dessen Strahlkraft profitieren zu können. Doch trotz dieser Annäherung und gemeinsamen Wahlkampfauftritten mit Haider erreichte der BFB nicht im Mindesten eine Aufmerksamkeit, die mit derjenigen der damaligen FPÖ vergleichbar gewesen wäre. Die Europawahlen 1994 zu einer »Volksabstimmung gegen Maastricht und für die Deutsche Mark« zu machen, wie es der BFB plante, scheiterte ebenso an einer entsprechenden Wählerzustimmung wie die folgenden Wahlauftritte dieser rechtspopulistischen Partei. Brunner vollzog 1998 den Zusammenschluss des BFB mit der Partei Offensive für Deutschland von Heiner Kappel. In der Folgezeit radikalisierte sich der BFB bis hinein in den rechtsextremen Rand. Im Verfassungsschutzbericht 1999 wurden dem BFB »tatsächliche Anhaltspunkte für den Verdacht einer rechtsextremistischen Bestrebung« bescheinigt.[48] Im Jahr 2000 stellte der BFB endgültig seine parteipolitischen Tätigkeiten ein. Im Handbuch der deutschen Parteien wird die Einschätzung getroffen, dass das exklusive parteiliche Erscheinungsbild unter einem »spröde wirkenden Vorsitzenden« seine »rechtspopulistische Stoßrichtung konterkarierte.«[49]

Neben der Ablehnung des Euros weisen auch andere Forderungen des früheren BFB deutliche Ähnlichkeiten mit der heutigen AfD auf. Die auf der Gründungsversammlung festgelegten Leitsätze zur »Erneuerung der Politik in Deutschland« veranschaulichen diese Ähnlichkeiten. Martin Dietzsch und Anton Maegerle haben in ihrer Skizzierung des BFB diese Leitsätze zusammengefasst:

»– *Verwirklichung der deutschen Einheit hat Vorrang vor Europa. Europa ja, Maastricht nein!*
– *Europäischer Staatenbund statt föderaler Bundesstaat*

---

[47] Grundsatzprogramm »Freiheit braucht Mut«, München 1995, S. 2.
[48] Verfassungsschutzbericht des Landes Nordrhein-Westfalen über das Jahr 1999 (2000), Paderborn, S. 92.
[49] Hartleb 2013: 203.

- *Leitwährung D-Mark statt Währungsunion*
- *Gegen den ›laschen‹ Rechtsstaat*
- *Gegen das Tarifsystem und das System der Sozialversicherung als Haupthemmnisse für wirtschaftliche Gesundung*
- *Bürgerlicher Pioniergeist statt bürokratische Gleichmacherei*
- *Mittelstandsorientierte Steuerpolitik*
- *Abschaffung des Asylrechts und Regulierung der Arbeitsimmigration*
- *Für den Erhalt der Familie als ›Fundament jedes Gemeinwesens‹«*[50]

In seinem Parteiprogramm von 1995 begnügt sich der BFB »nicht wie andere Parteien mit einem Lippenbekenntnis zur Marktwirtschaft, sondern will die allgemeine Sozialdemokratisierung unserer Gesellschaft beenden und marktwirtschaftliche Prinzipien wieder zur Geltung bringen«. Zudem wird dort betont, dass die »Achtung des privaten Eigentums« für den BFB eine »wesentliche Grundlage einer freiheitlichen Gesellschaft« darstelle.[51] Solche deutlich wirtschaftsliberalen Forderungen werden verquickt mit populistischen Parolen gegen eine angeblich existente »linke Vorherrschaft«. Ähnlichkeiten zur heutigen AfD bestehen dabei beispielsweise in der Forderung des BFB nach »Meinungsfreiheit« gegenüber einer angeblich vorherrschenden linken »political correctness«, gegen welche im Parteiprogramm von 1995 unter dem Slogan »Entwaffnet die Gesinnungspolizei« vorgegangen werden sollte.[52]

Mit der heutigen AfD teilt sich der BFB nicht nur die Bezeichnung als »Professoren-Partei«,[53] sondern zugleich den Unterstützerkreis: Mit dem Anfang des Jahres 2014 verstorbenen Wilhelm Hankel, Karl Albrecht Schachtschneider und Joachim Starbatty gehören ehemalige Unterstützer des rechtspopulistischen BFB zum Kreis der AfD-Unterstützer. Besonders deutlich wird die personelle Überschneidung von BFB und AfD durch die Person Joachim Starbatty: Der bekannte Ökonom trat zur Europawahl 2014 als Spitzenkandidat auf dem vierten Listenplatz der AfD an. In einer früheren Selbstdarstellung des BFB (»Was wir wollen – wer wir sind«) ist von Prof. Dr. Starbatty zu lesen: »*Die Antwort finden wir in den Konzepten Walter Euckens, Alfred-Müller-Armacks, Wilhelm Röpkes und Alexander*

---

[50] Dietzsch, Martin/Maegerle, Anton (1995): Der Bund freier Bürger – Die Freiheitlichen (BFB), www.diss-duisburg.de/Internetbibliothek/Artikel/Bund_freier_Buerger.htm, abgerufen am 12.12.2013.
[51] BFB Grundsatzprogramm 1995, a.a.O., S. 7.
[52] Ebd., S. 20.
[53] Schui u.a. 1997: 173.

2.1 Der Bund Freier Bürger

Rüstows und in der Politik Ludwig Erhards. Wir müssen sie nur auf die heutige Zeit übertragen.«[54]

Mit dieser Bezugnahme verweist Starbatty auf die ordoliberalen Vertreter der so genannten Freiburger Schule des Neoliberalismus. Starbatty veranschaulicht damit die wirtschaftsliberalen Bezüge des zugleich nationalistisch und rechtspopulistisch orientierten BFB, wobei er dessen Einordnung als rechtspopulistisch ablehnt, wie einem Interview in der Tageszeitung *Die Welt* zu entnehmen ist: *»Die Welt: Anfang der 90er-Jahre schlossen Sie sich der nationalliberalen Partei Bund freier Bürger an, die im Ruf stand, rechtspopulistisch zu sein ... Starbatty: ... rechtspopulistisch war sie ganz sicher nicht. Sie war eine Reaktion auf den Maastricht-Vertrag und die Pläne für eine Währungsunion. Der Grund meines kurzen Engagements vom Februar 1994 bis November 1994 war die Europapolitik und die geplante Einführung des Euro, gegen die ich 1998 gemeinsam mit Wilhelm Hankel, Wilhelm Nölling und Karl Albrecht Schachtschneider Verfassungsbeschwerde eingelegt habe.«*[55]

Mit dem Journalisten Bruno Bandulet tritt ein weiterer ehemaliger BFB-Aktivist als Unterstützer der AfD in Erscheinung. Bandulet ist Verleger und Autor und schreibt regelmäßig in der *Jungen Freiheit*. Im Kopp Verlag veröffentlichte er jüngst ein Buch über den Ersten Weltkrieg, in dem er unter anderem die These aufstellt, dass »den Europäern Versailles und der Zweite Weltkrieg erspart geblieben wären, hätten die USA nicht politisch interveniert«.[56] Für den BFB war Bandulet auch publizistisch tätig: Für die von Manfred Brunner herausgegebene Publikation *DeutschlandBrief – Argumente & Fakten für Freie Bürger* zeichnete er verantwortlich. Seit dem Jahr 2009 erscheint der von Bandulet verfasste DeutschlandBrief als regelmäßige Kolumne in der marktradikalen Monatszeitschrift *eigentümlich frei*. In einem Interview mit der Blogzeitung *Freie Welt*, an der u.a. die AfD-Politikerin Beatrix von Storch mitwirkt, skizzierte Bandulet die politischen Gemeinsamkeiten des BFB mit der AfD:

»FreieWelt.net: Mit dem 1994 als Reaktion auf den Vertrag von Maastricht gegründeten Bund freier Bürger (BfB), in dem Sie sich engagiert haben,

---

[54] Bund Freier Bürger: Was wir wollen – wer wir sind. Bonn: Bonn Aktuell 1994, S. 78-87, hier zitiert nach Schui u.a. 1997: 316, Fußnote 53.

[55] Starbatty warnt vor einer europäischen Katastrophe, in: Die Welt vom 19.8.2013.

[56] Bandulet 2014: 15.

versuchten Sie, mit parlamentarischen Mitteln gegen den Vertrag von Maastricht zu kämpfen. Woran ist dieses Vorhaben gescheitert?

Bruno Bandulet: Das ist eine lange Geschichte. Nur ein Punkt: Da der Euro zu BfB-Zeiten noch nicht existierte, klangen die Warnungen vor einem Desaster eher theoretisch.

FreieWelt.net: Jetzt hat sich eine neue Partei gegründet, die in der Tradition des BfB steht und die Sie ebenfalls unterstützen: die Alternative für Deutschland (AfD). Wird die AfD ebenfalls scheitern oder hat sie eine Chance?

Bruno Bandulet: Es wird nicht leicht werden, aber die AfD hat definitiv eine Chance, weil die Euro-Misere inzwischen Realität ist, weil die Bindung der Wähler an die großen Parteien im Vergleich zu den neunziger Jahren sehr viel schwächer geworden ist und weil das Internet die Möglichkeit bietet, mit geringem Kostenaufwand Anhänger zu mobilisieren – siehe auch die wertvolle Vorarbeit, die die Zivile Koalition geleistet hat.«[57]

Der BFB ist als eine nationalliberal, nationalkonservativ und europaskeptisch ausgerichtete Partei mit einer rechtspopulistischen Stoßrichtung in Erscheinung getreten. Die heutige AfD hat jedoch nicht bloß frappierende Ähnlichkeiten mit der politischen Ausrichtung des BFB. Ebenso gehören zentrale Persönlichkeiten zum heutigen Unterstützerkreis der AfD, die früher den BFB unterstützt hatten. Zudem weisen beide Parteien nahezu identische politische Mitgliedermilieus auf, mit dem Unterschied, dass die AfD diese Milieus besser einzubinden weiß und darüber hinaus auch mit populistischer Agitation prekäre soziale Schichten ansprechen kann. Sogar der zentrale Wahlkampfslogan der AfD zur Bundestagswahl 2013 entpuppt sich bei näherer Betrachtung als schlichte Kopie eines Slogans des BFB: »Mut zur Wahrheit« stand schon auf BFB-Wahlplakaten zur Landtagswahl am 13. September 1998 in Bayern.[58]

---

[57] »Nach der Bundestagswahl wird richtig geschröpft«, Interview mit Dr. Bruno Bandulet, in: Freie Welt vom 22.4.2013, www.freiewelt.net/interview/nach-der-bundestagswahl-wird-richtig-geschropft-22426/. Zur *Zivilen Koalition* siehe Kapitel 4.2, S. 72ff.

[58] BFB-Wahlplakat, unimut.fsk.uni-heidelberg.de/unimut/images/wahlkrampf98/wahlkrampf28.jpg, abgerufen am 20.12.2013.

2.2 Die Freiheit: Personelle und inhaltliche Überschneidungen mit der AfD

Die *Bürgerrechtspartei für mehr Freiheit und Demokratie – Die Freiheit (DF)* wurde im Jahr 2010 in Berlin unter anderem von ehemaligen Mitgliedern der CDU gegründet und war in ihren Grundzügen geprägt von muslimfeindlicher und rechtspopulistischer Ausrichtung. Der Vorsitzende der DF, René Stadtkewitz, war als CDU-Mitglied in Berlin aktiv in einer lokalen Bürgerinitiative gegen die Errichtung einer Moschee. Anlass zur Gründung der Partei war ein Konflikt innerhalb der Berliner CDU um die Einladung von Geert Wilders durch Stadtkewitz. Daraufhin trat dieser aus der CDU aus und gründete die DF. In seiner unterstützenden Rede zum Wahlkampf der DF im September 2011 verdeutlichte der niederländische Rechtspopulist Geert Wilders aus seiner Sicht die Gemeinsamkeiten zwischen seiner rechtspopulistischen Partei *Partij voor de Vrijheid* (PVV) und der DF: »Deutschland braucht eine rechte Partei, die nicht belastet ist mit Neonazi-Verbindungen und durch Antisemitismus, sondern die anständig und respektabel und auch standfest ist.«[59]

Trotz dieser prominenten Unterstützung blieb dieser muslimfeindlichen und rechtspopulistischen Partei der Erfolg versagt: Zu sehr war sie verstrickt in das Netzwerk offen rassistischer Initiativen und Weblogs, um für breitere bürgerliche Wählerschichten ansprechend zu wirken. Vor allem fehlte es der Partei an vorzeigbarem politischem Personal. Als »beachtlich« wertete René Stadtkewitz in einem Schreiben an die Mitglieder das 4,7%-Bundestagswahlergebnis der AfD. Mit der AfD habe es »erstmals eine bürgerlich-liberale Partei geschafft, sich eine realistische Chance zu erarbeiten, bereits im kommenden Jahr in zahlreichen Parlamenten vertreten zu sein«. Völlig richtig sei die Entscheidung der DF gewesen, auf einen eigenen Antritt zur Bundestagswahl zu verzichten, erklärte Stadtkewitz. Für das Scheitern der AfD an der 5%-Hürde macht er offenbar andere rechte Kleinparteien verantwortlich, die anders als DF nicht auf eine Kandidatur verzichteten: *»Es wäre gut gewesen, wenn auch andere Parteien, die nun im 0,2 Prozent-Bereich gelandet sind, so entschieden hätten, denn dann*

---

[59] Geert Wilders: Rede zum Wahlkampf der Partei Die Freiheit in Berlin am 3.9.2011, www.diefreiheit.org/rede-von-geert-wilders-am-3-september-2011-in-berlin/, abgerufen am 13.2.2012.

wäre die AfD bereits heute mit einer eigenen Fraktion im Deutschen Bundestag vertreten.«

Laut Stadtkewitz zeige ein Vergleich beider Programme eine Deckungsgleichheit »zu mindestens 90%«: »In diesem Sinne sehen wir vieles von dem, was wir wollten, von der AfD aufgegriffen und fortgesetzt.« Die Chance, die sich mit der AfD biete, gelte es nun nach Kräften zu unterstützen. DF habe sich entschlossen, »ihre bundes- und landespolitischen Vorhaben einzustellen und sich stattdessen ausschließlich auf die Fortsetzung der begonnenen kommunalpolitischen Aktivitäten, besonders in München, zu beschränken«. Das bedeutete auch einen Verzicht auf die Teilnahme an der Europawahl. Der DF-Vorsitzende appellierte zugleich »an alle Kleinparteien, die eine ebenso große Übereinstimmung ihrer Ziele mit denen der AfD entdecken, es uns gleich zu tun«. Jede unnötige Konkurrenz spiele denen in die Hände, »die Deutschland am liebsten abschaffen wollen«.[60] Nach dieser Ankündigung von Stadtkewitz ist die DF praktisch aufgelöst. Lediglich in München werden unter der Führung des DF-Aktivisten Michael Stürzenberger noch Aktivitäten durchgeführt.

Programmatisch trat die Partei neben ihrer ausgeprägten Muslimfeindlichkeit mit wirtschaftsliberalen und nationalkonservativen Themen sowie mit der Forderung nach »direkter Demokratie« in Erscheinung: »Wir kündigen eine bürgerlich-liberale Partei an. Mit dieser fordern wir eine Rückbesinnung auf unsere Werte, eine wirtschaftliche Neuordnung, einen leistungsorientierten Arbeitsmarkt, eine neue Familienpolitik, einen Zuwanderungsstopp mindestens bis zur Lösung der Integrationsprobleme, eine EU starker souveräner Staaten als Vertragswerk, aber nicht mehr, wir fordern weniger Bevormundung durch die Politik, die Achtung der Meinungsfreiheit und vor allem die direkte Demokratie und mehr Mitbestimmung.«[61]

Zum Feind einer solchen »direkten Demokratie« werden die EU und die transnational orientierte Linke stilisiert: »Wir sehen, dass mächtige Kräfte sich aufmachen, unsere Freiheiten einzuschränken, aufzuweichen oder irgendwann vielleicht sogar ganz abzuschaffen. [...] Wir sehen eine Europäische Union, in der zunehmend undemokratische Strukturen die Freiheit

---

[60] www.pi-news.net/2013/09/die-freiheit-stellt-bundes-und-landespolitische-vorhaben-zugunsten-der-afd-ein/, abgerufen am 6.2.2012.
[61] Die Freiheit. Wahlbrief von René Stadtkewitz (6.9.2011), www.diefreiheit.org/wahlbrief-von-rene-stadtkewitz/, abgerufen am 6.2.2012.

2.2 Die Freiheit

der Länder Europas und ihrer Bürger einschränken. [...] Und wir sehen eine politische Linke, in deren Gesellschaftsideal Freiheit zur Farce verkommt und deren freiheitsfeindliche Ideologie mittlerweile weit bis in die Reihen von Union und FDP reicht.«[62]

Laut Einschätzungen aus der Parteienforschung steht die DF mit ihren Forderungen »im Einklang mit radikal rechtspopulistischen Parteien, die sich wie die österreichische FPÖ das niederländische Pendant als freiheitlich definieren«. Zudem würden bei der Partei »die für Rechtspopulisten typischen Forderungen nach Einführung von direktdemokratischen Elementen, Demokratieabbau und einer stärker marktliberalen und mittelstandsfreundlichen Ausrichtung der Wirtschafts- und Sozialpolitik« zur Geltung kommen.[63]

Die Forderungen der DF nach direkter Demokratie stehen im Einklang mit dem AfD-Programm, wo es unter anderem heißt: »Wir fordern mehr direkte Demokratie auch in den Parteien. Das Volk soll den Willen der Parteien bestimmen, nicht umgekehrt.«[64] Es ist nicht nur diese typische Forderung, bei der die DF Gemeinsamkeiten mit der AfD aufweist: Ein Blick in die »Kernthemen« des *Landesverbandes Hamburg* der DF offenbart – teilweise bis hinein in den Wortlaut – eine Fülle weiterer inhaltlicher Überschneidungen beider Parteien. Diese frappierende Ähnlichkeit wird auch verständlich durch die Tatsache, dass sie von einem DF-Funktionär mit entwickelt wurden, der später im Landesvorstand der AfD Hamburg tätig geworden ist: Jens Eckleben.[65]

---

[62] Ebd.
[63] Hartleb 2013d: 196f.
[64] AfD-Wahlprogramm, www.alternativefuer.de/partei/wahlprogramm/, abgerufen am 20.12.2013.
[65] Zur Gründung ihres Landesverbandes in Hamburg am 10.6.2011 meldete die DF: »Der Gründungsparteitag stand in einer Reihe von neun Veranstaltungen, die zwischen dem 4. und 21. Juni in Bayern, Baden-Württemberg, Rheinland-Pfalz, Hessen, Schleswig-Holstein, Brandenburg, Sachsen und Thüringen stattfanden. Zusammen mit dem bereits zuvor gegründeten Landesverband Berlin ist DIE FREIHEIT somit in zehn Bundesländern vertreten. Bis Ende des Jahres werden alle Bundesländer abgedeckt sein. In seiner Begrüßungsansprache nannte der Landeskoordinator Jens Eckleben als zentrale Politikfelder:
– die Einführung der direkten Demokratie nach Schweizer Vorbild,
– ein demokratisch legitimiertes Europa ohne Transferunion und Rettungsschirm,
– die Reformierung des Einwanderungsrechts mit einem Punktesystem wie in Kanada und

Da diese Kernthesen in dreien von vier aufgeführten Punkten nahezu deckungsgleich sind, werden sie folgend zur Veranschaulichung in vollständiger Länge zitiert:

»*Die konservativ-liberale Partei DIE FREIHEIT – Bürgerrechtspartei für mehr Freiheit und Demokratie wurde Ende Oktober 2010 durch das ehemalige Berliner CDU-Mitglied René Stadtkewitz gegründet. Der Landesverband Hamburg existiert seit dem 10. Juni 2011.*

Die Kernthemen sind:
1. Direkte Demokratie auf Bundesebene nach Schweizer Vorbild
Freiheit und Demokratie bedeuten, dass alle Staatsbürger in wichtigen politischen Fragen mitentscheiden dürfen. Deshalb setzen wir uns für mehr direkte Demokratie mit bundesweiten, verbindlichen Volksentscheiden ein, damit der Staatsbürger Gesetze des Bundestages rückgängig machen kann, wenn diese dem Bürgerwillen nicht entsprechen. Der Bürger als Kontrollorgan und Opposition zur Regierung ist in der Schweiz seit Jahren ein Erfolgsmodell.
2. Mehr Nationale Souveränität in einem freien Europa!
Wir wollen keine europäische Transferunion und keinen Rettungsschirm, dafür wieder volles Haushaltsrecht für den Deutschen Bundestag. Die Ideen der Gründerväter des Europäischen Gedankens sind heute schon lange völlig pervertiert.
– Das Schengenabkommen mit Reisefreiheit ist eine tolle Sache, solange Italien es nicht außer Kraft setzt und Dänemark damit zwingt, seine Grenzen wieder zu kontrollieren.
– Die EWG hat Jahrzehnte über bi- und multinationale Wirtschafts- und Zollabkommen den Handel in Europa befördert, ohne in einem Subventionsmoloch zu versinken.
– Wir möchten wieder mehr Souveränität für das Deutsche Volk. Wir wollen mitentscheiden über EU-Verfassung (2004), Abschaffung der Bailout-Klausel und Einführung einer Transferunion, Haftung für mehr als 60% des bundesdeutschen Jahreshaushalts zu Gunsten des EU-Rettungsschirms.

– eine Beschränkung des Missbrauchs der Religionsfreiheit durch radikale politische Ideologien.« diefreiheit.org/home/2011/06/landesverband-hamburg-der-burgerrechtspartei-die-freiheit-gegrundet/, abgerufen am 1.2.2014.

2.2 Die Freiheit

3. Einwanderungspolitik nach kanadischem Vorbild
Viele klassische (und attraktive) Einwanderungsländer wie Kanada haben ein qualifiziertes Einwanderungsrecht mit einem Punktesystem eingeführt, um mess- und vergleichbare, demokratisch gerechte Regeln aufzustellen und um Einwanderung nach den Bedürfnissen des eigenen Landes steuern zu können. Es gibt keine moralische Verpflichtung, wonach Deutschland eine besonders große Anzahl an niedrig qualifizierten Zuwanderern und Wirtschaftsflüchtlingen aufnehmen muss. Auch Deutschland braucht im internationalen Wettbewerb vor allem hoch qualifizierte und integrationswillige Zuwanderer.

Wohlgemerkt, am Asylrecht wollen wir nicht rütteln. Wer Hilfe braucht, wird sie immer bekommen.«[66]

Zum 1. Punkt: Bei der AfD lautet der Bezug auf das Schweizer Vorbild im Wahlprogramm so:

»Wir fordern eine Stärkung der Demokratie und der demokratischen Bürgerrechte. Wir wollen Volksabstimmungen und Initiativen nach Schweizer Vorbild einführen. Das gilt insbesondere für die Abtretung wichtiger Befugnisse an die EU.«[67]

Zum 2. Punkt: Bei der AfD lautet das Thema Europapolitik im Wahlprogramm so:

»Wir bejahen ein Europa souveräner Staaten mit einem gemeinsamen Binnenmarkt. Wir wollen in Freundschaft und guter Nachbarschaft zusammenleben.

Wir bestehen auf dem uneingeschränkten Budgetrecht der nationalen Parlamente. Eine Transferunion oder gar einen zentralisierten Europastaat lehnen wir entschieden ab.

Wir werden dafür sorgen, dass Gesetzgebungskompetenzen zurück zu den nationalen Parlamenten verlagert werden. Wir werden uns für eine Reform der EU stark machen, um die Brüsseler Bürokratie abzubauen und Transparenz und Bürgernähe zu fördern. Das europäische Parlament hat bei der Kontrolle Brüssels versagt. Wir unterstützen nachdrücklich die Posi-

---

[66] Pressemitteilung der Partei Die Freiheit, Landesverband Hamburg vom 11.7.2011, diefreiheit.org/home/2011/07/die-freiheit-hamburg-erfolgreiche-protestkundgebung-gegen-den-islamisten-pierre-vogel-in-hamburg-am-9-7-2011-2/, abgerufen am 20.12.2013.

[67] AfD-Wahlprogramm, www.alternativefuer.de/partei/wahlprogramm/, abgerufen am 20.12.2013.

tionen David Camerons, die EU durch mehr Wettbewerb und Eigenverantwortung zu verschlanken.«[68]

Zum 3. Punkt: Bei der AfD lautet die Aussage zum Thema Integrationspolitik im Wahlprogramm so:

»Wir fordern eine Neuordnung des Einwanderungsrechts. Deutschland braucht qualifizierte und integrationswillige Zuwanderung.

Wir fordern ein Einwanderungsgesetz nach kanadischem Vorbild. Eine ungeordnete Zuwanderung in unsere Sozialsysteme muss unbedingt unterbunden werden.

Ernsthaft politisch Verfolgte müssen in Deutschland Asyl finden können. Zu einer menschenwürdigen Behandlung gehört auch, dass Asylbewerber hier arbeiten können.«[69]

Der Initiator der DF-Kernthesen, Jens Eckleben, war in der AfD solange als Landesvorsitzender tätig, bis der ehemalige FDP-Politiker Sigurd Greinert seinen Austritt aus der Hamburger AfD unter anderem mit den rechtslastigen Stellungnahmen von Eckleben begründete.[70] Danach wurde er im Vorstand abgelöst und tritt aktuell als Bezirksvorstand der AfD in Hamburg-Nord in Erscheinung.[71]

Auch der Zulauf anderer ehemaliger DF-Aktivisten zur AfD verdeutlicht die politische Nähe beider Parteien zueinander. Laut Auskunft des Nachfolge-Vorsitzenden der DF, Michael Stürzenberger, seien bis zum Oktober 2013 etwa 500 frühere DF-Mitglieder zur AfD gewechselt.[72] Freiheit-Mitglieder hätten zudem vor allem in Sachsen der AfD im Wahlkampf geholfen. Nach der Ansicht der AfD-Landesparteichefin aus Sachsen, Frauke Petry, sind ca. ein Dreißigstel der ca. 630 AfD-Landesmitglieder Ex-Freiheits-Mitglieder.[73]

Hinsichtlich der Debatte um die Abgrenzung der AfD von der DF kamen von der AfD-Führungsspitze widersprüchliche Äußerungen. So hieß es in

---

[68] Ebd.
[69] Ebd.
[70] Unger, Christian: Hamburger Mitglied tritt aus »Alternative« aus, in: Hamburger Abendblatt vom 6.5.2013.
[71] alternative-hamburg.de/bezirke/bezirk-hamburg-nord/, abgerufen am 6.4.2014.
[72] www.tagesspiegel.de/politik/alternative-fuer-deutschland-und-die-freiheit-islamkritiker-empfehlen-jetzt-die-afd/8874608.html.
[73] NPD-Mann geht zur CDU, wollte aber ursprünglich zur AfD, in: International Business Times vom 1.3.2014, de.ibtimes.com/articles/26794/20140301/npd-mann-geht-zur-cdu-wollte-aber-urspr-nglich-zur-afd.htm, abgerufen am 4.3.2014.

der Tageszeitung *Die Welt*: »Im September hatte auch AfD-Chef Lucke noch keine Bedenken gegen die Mitgliedschaft von Ex-Freiheitlern in seiner Partei. Inzwischen hat er seine Ansicht geändert. ›Die Freiheit hat sich von einer konservativen CDU-Abspaltung zu einer islamophoben Partei entwickelt‹, sagt er der ›Welt‹. Viele Mitglieder hätten aus Protest gegen diesen Kurs die Partei verlassen. Eine Mitgliedschaft dieser Ex-Freiheitler in der AfD hält der Parteichef für unproblematisch.«[74]

Die Deutung, dass sich die DF von einer angeblich anfänglich nur konservativen Partei erst im Laufe ihrer weiteren Entwicklung zu einer muslimfeindlichen und rechtspopulistischen Partei entwickelt habe, ist jedoch durchsichtig und leicht zu widerlegen. Denn schon die Initialzündung der Parteigründung verdeutlicht die ursprüngliche rechtspopulistische Orientierung der DF: Ihre Ikone Geert Wilders, dessen Politik sie als vorbildlich für das eigene Wirken erklärt hatte.

Auch hinsichtlich der Zustimmungen zu den Thesen von Thilo Sarrazin finden sich Gemeinsamkeiten zwischen der AfD und der DF. Die DF verstand sich als »Partei zum Buch« des Erfolgsautors Thilo Sarrazin, welcher in seinem Bestseller »Deutschland schafft sich ab« mit abwertenden Äußerungen gegenüber Muslimen auf große Zustimmung im Rechtsaußenspektrum der deutschen Parteienlandschaft gestoßen ist. Die Thesen Sarrazins trafen ebenfalls bei führenden AfD-Funktionären auf Zustimmung.[75]

2.3 Die Partei Rechtsstaatliche Offensive (Schill-Partei)

Die *Schill-Partei* wurde im Juni 2000 zunächst unter der Bezeichnung *Partei Rechtsstaatliche Offensive* (PRO) gegründet. Sie war Ausdruck einer spezifischen politischen Situation in Hamburg – des dortigen Wirkens des damaligen Amtsrichters Roland Barnabas Schill, der sich in der Öffentlichkeit einen Namen als »Richter Gnadenlos« gemacht hatte. Aufgrund von Streitigkeiten um den Parteinamen mit Bolko Hoffmann von der *Pro DM-Partei* verzichtete die *Schill-Partei* auf das Kürzel PRO. Der Parteiführer Schill setzte auf einen Law and Order-Wahlkampf und verknüpfte dieses Thema

---

[74] Lachmann, Günther: Das Problem der AfD mit der Freiheit, in: Die Welt vom 8.10.2013.
[75] Ausführlicher hierzu siehe das folgende Kapitel.

mit Forderungen nach einer restriktiven Asylpolitik und Polemik gegenüber der EU-Bürokratie und »Multikulti«.[76]

Mit dieser Themenwahl und rechtspopulistischen Wahlkampfinszenierungen erzielte die Partei bei den Hamburger Bürgerschaftswahlen am 23. September 2001 aus dem Stand heraus ein Ergebnis von 19,4% und zog mit 25 Mandaten als drittstärkste Partei in die Bürgerschaft ein. Zusammen mit der CDU und der FPD führte die *Schill-Partei* im Oktober 2001 ein Ende der 40-jährigen SPD-Vorherrschaft in Hamburg herbei und Schill selbst wurde neben dem neuen Ersten Bürgermeister Ole van Beust (CDU) zum Innensenator ernannt. Damit wurden die populistischen Parolen hoffähig gemacht. So zeigte die Hamburger Wahl laut Einschätzung des Journalisten Andreas Speit, »dass die inhaltliche Annäherung an die Schill-Partei, Koalitionsangebote und die Fokussierung auf die Schill-Themen Innere Sicherheit und Zuwanderung die Partei nur aufwerten«.[77]

Allerdings erwies sich die Partei als unfähig, die sich ihr bietende politische Gelegenheit zur breitenwirksamen Etablierung im deutschen Parteiensystem nutzbar zu machen. Die Gründe hierfür lagen einerseits in der persönlichen Eitelkeit und politischen Unfähigkeit des Parteivorsitzenden begründet sowie in dem parteiinternen Streit über den bundesweiten Ausbau der neuen Partei. Infolge von internem Streit und öffentlichen Skandalen Schills verlor die Partei rapide an Ansehen und Zustimmung. Schill ging daraufhin ein Bündnis mit der Pro DM-Partei ein und formierte bei den Hamburger Neuwahlen 2004 das Bündnis *Pro DM/Schill*, während sich die anderen Parteiteile als *Partei Rechtsstaatliche Offensive* aufstellten. Nachdem beide Formationen in der Wählergunst abstürzten, bekundete Schill seinen Rücktritt aus der Politik. Damit steht die Partei zugleich als Beispiel für Glanz und Elend eines Rechtspopulismus in Deutschland, der auf das Charisma einer Führungspersönlichkeit zugeschnitten ist. Zwar entstand quasi aus der Konkursmasse der *Schill-Partei* eine neue Kleinpartei mit dem bezeichnenden Namen *Bürger in Wut* (BIW), deren Wirkungskreis in der Folge jedoch nur auf Bremen/Bremerhaven beschränkt blieb. Noch vor der Auflösung erreichte die *Partei Rechtsstaatliche Offensive* einen letzten Achtungserfolg bei der Bremer Bürgerschaftswahl im Jahr 2002. Spitzenkandidat war Jan Timke, der kurze Zeit später die BIW

---
[76] Stöss 2013: 608.
[77] Speit 2002: 199.

2.3 Die Partei Rechtsstaatliche Offensive (Schill-Partei)

gründete.[78] Im Handbuch der deutschen Parteien werden die BIW als Partei bewertet, die »rechtskonservative und rechtspopulistische Einsprengsel«[79] aufweise; es wird zudem vermerkt, dass sich die Partei gegenüber »Kooperationen mit radikaleren rechtspopulistischen Kräften im europäischen Ausland« offen gezeigt habe.[80] Zudem wird darauf verwiesen, dass bei den auch heute noch existierenden BIW die Kritik an der EU im Allgemeinen sowie am Rettungsschirm für Griechenland im Besonderen wachsenden Raum einnehme.[81]

Der begrenzte regionale politische Einfluss der BIW wird durch die Landtagswahlen im Februar bzw. Mai 2015 in Hamburg und Bremen in zweierlei Hinsicht infrage gestellt werden: Erstens bedient die AfD politisch wesentlich erfolgreicher quasi dieselben Themen und zweitens besteht der Landesverband Hamburg in Teilen aus früheren Mitwirkenden in der *Schill-Partei*.[82] Besondere Bedeutung hierbei hat der Verwaltungsbeamte und frühere Innensenator im Beust-Senat, Dirk Nockemann, der als AfD-Kandidat mit Listenplatz 3 sowohl personell als auch inhaltlich für Schnittmengen zwischen der rechtspopulistischen *Schill-Partei* und der AfD steht.

---

[78] Vgl. Hartleb 2013a: 384.
[79] Hartleb 2013b: 191.
[80] Ebd.: 192f.
[81] Vgl. ebd.: 191.
[82] Hanisch, Dieter: Comeback alter Schill-Kader. In der Hamburger AfD tobt ein Machtkampf, in: Tagesspiegel online vom 12.10.2014, www.tagesspiegel.de/politik/comeback-alter-schill-kader-in-der-hamburger-afd-tobt-ein-machtkampf/10828302.html, abgerufen am 12.11.2014.

3. Die AfD und der rechte Populismus

Bei öffentlichen Auftritten bedient sich die AfD populistischer Inszenierungsformen – so etwa im August 2013 vor dem Brandenburger Tor: »*Die wohl entscheidende Woche für die Alternative für Deutschland (AfD) startet mit Pauken wie in Actionfilmen. Es ist eine bemerkenswerte Show, die Bernd Lucke, AfD-Sprecher, vor dem Brandenburger Tor abzieht. Er steht auf einem Feuerwehrauto, eine Frau mit Merkel-Pappmaske tritt auf und schmierige Typen mit schwarzen Anzügen und Zigarren verbrennen nachgemachte 500-Euro-Scheine – bis Lucke mit anderen AfD-Mitgliedern auftritt und das Feuer löscht. Er ruft: ›Wir erleben die größte Geldverbrennung seit der Inflation von 1923!‹*«[83]

Angesichts der historischen Analogie solcher Verbrennungsaktionen zur 1933 ebenfalls unweit vom Brandenburger Tor stattgefundenen Bücherverbrennung durch die Nazis erscheint deren Symbolgehalt in einem höchst fragwürdigen Kontext. Bei der Aktion traten in blaue Ganzkörperanzüge gekleidete und mit AfD-Aufschrift versehene Personen in Erscheinung, die fortan bei weiteren öffentlichen Auftritten das Erscheinungsbild der Partei prägten. So auch einen Monat später, als diese blauen Männchen bei einer AfD-Aktion dabei fotografiert wurden, wie sie symbolisch das Bundesfinanzministerium in Berlin erklommen.[84]

Auch einen »Widerstands-Song« hat die AfD im Wahlkampf zum Bundestag entworfen: »Wir geben nicht auf« heißt der Titel dieses Songs. Im Rap-Stil wird dort gereimt:

»Guten Tag, Frau Merkel, entschuldigen Sie,
ist das hier ne Diktatur oder ne Demokratie.
Sind wir nur ein Haufen Affen ohne jedes Recht?
Wir sind ein wirklich tolles Volk und trotzdem geht es uns schlecht.
Wir erfinden, produzier'n und bauen für die ganze Welt.
Warum hab' ich das Gefühl, dass das überhaupt nicht zählt?

---

[83] Bewarder, Manuel/Leubecher, Marcel: AfD geißelt die »größte Geldverbrennung seit 1923«, in: Die Welt vom 16.9.2013, www.welt.de/politik/wahl/bundestagswahl/article120091540/AfD-geisselt-die-groesste-Geldverbrennung-seit-1923.html, abgerufen am 12.10.2013.

[84] Die AfD und Beatrix von Storch setzen auf blaue SM-Männchen im Wahlkampf – bis der Sicherheitsdienst des Ministeriums kommt..., in: publikative.org, de-de.facebook.com/permalink.php?story_fbid=527927510612554&id=171433662928609, abgerufen am 20.11.2013.

3.1 Die AfD und der rechte Populismus

Wozu ein Mindestlohn, wenn er zum Leben nicht reicht?
Ich frag' Dich von Mensch zu Mensch: Was hast Du erreicht?
– Wir geben nicht auf!«[85]
In der rechtspopulistischen Parteienlandschaft war die *Freiheitliche Partei Österreichs* (FPÖ) Vorbild für solche Formen der Inszenierung. So brachte die Partei einen Comic mit dem Titel »Der blaue Planet« heraus, in welchem der Parteichef Heinz-Christian (HC) Strache als blau gekleideter »Superman« mit dem Aufdruck »HC« in Erscheinung tritt und Österreich vor der EU, den Zuwanderern und den Linken zu »schützen« weiß.[86] Ebenso tritt Strache schon seit etlichen Jahren mit Raps politischen Inhalts in Erscheinung, die auf der Internetseite der Partei zum Download feilgeboten werden. Schon Mitte des Jahres 2009 bot die Partei einen (Anti-)EU-Song zur Werbung für eine nationalistische Politik gegen die EU an. Dort tönte es:

»Volksvertreter statt Verräter,
Abendland in Christenhand.
Mit uns für soziale Wärme,
statt EU nur für Konzerne.
Irgendwann ist's Zeit zum Zahlen,
doch dafür gibt es ja Wahlen.
Wenn du diese Zeilen hörst,
dann weißt du Österreich zuerst.

Bin zwar glühender Europäer,
doch Österreich ist mir immer näher.
Europa, Brüssel und die EU,
schön und gut doch zuerst kommst du.«[87]

---

[85] AfD-Song »Wirgebennichtauf!«, www.google.de/url?sa=t&rct=j&q=&esrc=s&source=web&cd=3&ved=0CDoQFjAC&url=http%3A%2F%2Fwww.afd-hessen.org%2Fwp-content%2Fuploads%2F2013%2F07%2FAfD-Song-Text.pdf&ei=5NIdU5TQD8OPtQaT_YCYBg&usg=AFQjCNEPv3k1PIDFroaN7NJ48yrqKu4scA&bvm=bv.62578216,d.Yms, abgerufen am 15.12.2013.

[86] FPÖ-Comic »Der blaue Planet«, www.google.de/url?sa=t&rct=j&q=&esrc=s&source=web&cd=1&ved=0CC4QFjAA&url=http%3A%2F%2Fwww.fpoe.at%2Ffileadmin%2FContentpool%2FPortal%2FPDFs%2FEUWahl09%2Fcomic_web.pdf&ei=5NEdU5OxHMfDtQbH1oHICg&usg=AFQjCNEQlMNyonLuZ5nieZHCMpjGKsf_Rg&bvm=bv.62578216,d.Yms, abgerufen am 12.12.2013.

[87] HC Strache: Anti-EU-Song »Österreich zuerst«, www.youtube.com/watch?v=pVnzYs4HYBQ, abgerufen am 20.12.2013.

3.1 Rechter Anti-EU-Populismus

Um die Protestaktionen der AfD gegen Euro und EU-Politik einordnen zu können, muss ein Blick auf das rechtsorientierte Anti-Euro-Protestmilieu gerichtet werden. Kampagnen und Proteste gegen den Euro und/oder die EU-Krisenpolitik werden durchaus von sehr unterschiedlichen politischen Strömungen getragen, die sowohl linke als auch rechte Ansätze umfassen. Linke Motivationen finden sich etwa bei den Occupy-Protesten oder bei Aktionen des globalisierungskritischen Netzwerks Attac.[88] In ihrer Untersuchung der rechtsgelagerten deutschen Anti-Euro-Proteste sind die Protestforscher David Bebnowski und Nils Kumkar bei der Durchführung von Befragungen und Gesprächen auf ein in diesen Kreisen weit verbreitetes Bild von einer »schleichenden Sozialdemokratisierung« der EU gestoßen, die sich in eine »DDR-light« transformiere.[89] Als ein prägender Ausdruck von imaginierter sozialistischer Vorherrschaft in Europa können Wortschöpfungen wie die »EUDSSR« oder der in Europa angeblich vorherrschende »monetäre Sozialismus« gedeutet werden. Dies prägt auch die Wortwahl in der AfD: So erklärte etwa der im Januar 2014 verstorbene AfD-Unterstützer Wilhelm Hankel auf einer Veranstaltung der AfD Mitte letzten Jahres auf dem Petersberg bei Bonn die Eurowährung als Ausdruck eines »monetären Sozialismus«.[90] Nach Medienberichten war auf dem AfD-Parteitag in Berlin Anfang Februar 2014 von der »Gängelung aus Brüssel« und der »wirtschaftliche(n) Sklaverei« der »EUDSSR« die Rede und der Euro wurde als »sozialistisches Projekt« kritisiert.[91]

Auch der AfD-Spitzenkandidat Hans-Olaf Henkel hat sich den Kampf gegen den »Sozialismus« in der EU zum Ziel gesetzt: Henkel, der Brüssel als Synonym für die derzeitige EU-Politik nimmt, in der »zunehmend Selbsttäuschung, Gleichmacherei und Sozialismus um sich« greifen,[92] steht damit als Vertreter eines Protest-Milieus gegen den Euro, das Deutschland

---

[88] Vgl. hierzu: Geiges/Neef/van Dijk (2013: 180-218).
[89] Bebnowski/Kumkar 2013: 231.
[90] »Der Euro ist zurzeit monetärer Sozialismus«, Interview mit Wilhelm Hankel, in: Generalanzeiger Bonn v. 28.8.2013.
[91] Litschko, Konrad: Wahlparteitag der AfD in Berlin. Breitseiten gegen die »EUdSSR«, in: taz vom 2.2.2014.
[92] Henkel trocken, 13.8.2012. www.handelsblatt.com/meinung/kolumnen/kurz-und-schmerzhaft/henkel-trocken-god-save-europe-not-the-euro/6993876.html, abgerufen am 10.8.2013.

3.1 Rechter Anti-EU-Populismus

durch einen angeblich drohenden europäischen »Zwangssozialismus« bedroht sieht. Schon vor seiner Zeit als AfD-Politiker zog er als Kolumnist im Handelsblatt gegen die »EUDSSR« zu Felde. Hinsichtlich der Frage nach einer Ausgestaltung Europas zu mehr staatlicher Vereinigung (»United States of Europe«, USE) erklärte er: »Wo bleibt die Wettbewerbsfähigkeit? Der Wettbewerb zwischen kleinen Einheiten führt überall zu einem stärkeren Ganzen. Das gilt im Sport, in der Wirtschaft, in der Kultur ... und natürlich auch bei Staaten. Die Transferunion führt zu weniger Wettbewerb, damit weniger Wohlstand, der wäre dann ›gerechter‹ verteilt. Der jetzt angepeilte Weg führt uns weniger zur USE als zur EUDSSR.«[93]

Der Begriff »EUDSSR«, eine Zusammenfügung von EU und UdSSR, ist in einem rechten antieuropäischen Protestmilieu entstanden. Dieses Milieu wird getragen von marktradikalen, verschwörungstheoretischen und schlicht protestbewegten Aktivisten aus nationalkonservativ und neoliberal orientierten politischen Strömungen: Aus Gruppierungen wie dem Bürgerkonvent, den Familienunternehmern, dem Konvent für Deutschland, dem Bündnis Bürgerwille, der Friedrich-August-von-Hayek-Gesellschaft, der Mont Pelerin Society, dem Liberalen Aufbruch, dem Aktionsbündnis Direkte Demokratie, Wahlgruppierungen wie der Partei der Vernunft, aber auch der Bundesvereinigung Freie Wähler speisen sich diese Anti-Euro-Proteste. Laut Ansicht der Forscher eint dieses heterogene Milieu der Wunsch nach populistischem politischen Tabubruch – ganz nach dem Muster von Thilo Sarrazin.[94] Zugleich stellt dieses Protestmilieu einen zivilgesellschaftlichen Resonanzraum für die AfD dar. Der dort gepflegte Verweis auf das Recht auf Meinungsfreiheit, einhergehend mit dem Willen zum Kampf gegen eine vermeintlich vorherrschende und Meinungen diktierende »politische Korrektheit«, weisen eine deutlich rechtspopulistische Tönung auf.

Dies zeigte sich beispielsweise bei der Kandidatennominierung zur Europawahl auf dem AfD-Parteitag am 25. Januar 2014 in Aschaffenburg. Zur Veranschaulichung werden die Bewerbungsreden sowie weitere europapolitische Positionierungen der Kandidaten Bernd Lucke, Hans-Olaf Henkel und Beatrix von Storch einer genaueren Betrachtung unterzogen, weil sie ein bezeichnendes Bild von einem rechts grundierten Anti-EU-Populismus abgeben.

---

[93] Henkel, Hans-Olaf: USE=EUDSSR, in: Handelsblatt vom 3.10.2011.
[94] Vgl. Bebnowski/Kumkar 2013: 240.

Der Spitzenkandidat Bernd Lucke wurde auf den ersten Listenplatz gewählt. In seiner Rede auf dem Parteitag nahm Lucke die erstmalige öffentliche Präsentation des AfD-Wahlkampfslogans zur Europawahl, »Mut zu DEUtschland«, auf und versuchte, den Sinn und Zweck dieser Parole sowohl inhaltlich zu erläutern als auch zugleich propagandistisch zu bewerben.[95] Zunächst baut Lucke einen Gegensatz zwischen der AfD und allen anderen Parteien auf, die als »Altparteien« bezeichnet werden: »Die Altparteien versuchen die Probleme und Konflikte Europas zu verdrängen und ein Gefühl der allgemeinen Wohligkeit zu verbreiten, einfach nur, weil etwas europäisch ist. Sie sind zu feige, die Karten auf den Tisch zu legen und über Kosten und Nutzen, über Ziele und Zielkonflikte, über Interessen und Interessensgegensätze zu reden. Sie beschränken sich darauf, wolkig und nebulös zu europäisieren. Sie hoffen, dass die deutschen Wähler ihnen tagträumerisch folgen, dass sie nicht fragen nach dem Wohin, dem Wozu und dem Für wen?«

Lucke vollzieht hierbei zunächst eine Gegenüberstellung zwischen den »deutschen Wählern« und den »Altparteien«, welche »europäisieren«. Daran anknüpfend werden die »Europäisierer« pauschal mit Negativzuschreibungen belegt: »wolkig«, »nebulös«, »feige«. Hier offenbart sich ein Grundmuster populistischer Rhetorik – die Herstellung eines moralisierenden Gegensatzes zwischen Gut und Böse, wodurch politisches Handeln zum Ausdruck von moralischer Standhaftigkeit verklärt wird. Lucke kennzeichnet so den eigenen Standpunkt unausgesprochen als Ausdruck von Tapferkeit. Dies wiederum rekurriert auf den von der AfD verwendeten Slogan »Mut zur Wahrheit«. Daran anknüpfend spitzt Lucke den Gegensatz zwischen Mut und Feigheit zu einer Frage von Klarheit oder Standpunktlosigkeit zu: »Denn die Antwort auf diese Fragen erfordert Mut, meine Damen und Herren, und sie erfordert Entscheidungen und Standpunkte: Man muss sagen, wohin man will und wohin man nicht will. Man muss sagen, wen man vertritt und in wessen Interesse man handelt. Kurz: Man muss klarmachen, wofür man steht. Und wir als Alternative für Deutschland wollen es klar sagen, wo wir stehen und was den Anderen fehlt...«

Anstatt eine wörtliche Antwort darauf zu geben, was »den Anderen« fehlt, lässt der Redner die Einblendung der Wahlkampfparole »Mut zu DEUtschland« vollziehen und macht eine Redepause.

---

[95] www.alternativefuer.de/unsere-kandidaten-fuer-europa/, abgerufen am 1.3.2014.

3.1 Rechter Anti-EU-Populismus

Der vorher aufgebaute Gegensatz zwischen den »standpunktlosen« pro-europäischen »Altparteien« und dem eigenen, »standhaften« Bekenntnis zu Deutschland ruft beim Zuhörer Implikationen zu nationalistischen Anfeindungen der Rechten gegenüber den Linken als ›vaterlandslose Gesellen‹ und als ›Verräter nationaler Interessen‹ hervor: Unzweideutig werden hierdurch pauschalisierend die »Altparteien« als pro-europäische ›Verblender‹ und ›Betrüger‹ dargestellt, die zielgerichtet ›nationale Interessen‹ vernachlässigen würden. Dieser aufgebaute Gegensatz impliziert zugleich eine national(istisch)e Deutung der Wahlkampfparole: Denn wenn die Partei dadurch ausdrücken will, »wo wir stehen und was den anderen fehlt«, dann folgt daraus eben nicht eine Politik zum Wohle transnationaler, gesamteuropäischer Interessen und Kooperationen. Dies wird von Lucke auch gleich im Anschluss an die Präsentation der Wahlkampfparole in Form einer Feindbildmarkierung der »Berufseuropäer« populistisch zugespitzt: »Lassen wir uns nicht einlullen von den Berufseuropäern, die ihre Kritikfähigkeit verloren haben, weil sie gar nicht mehr wissen, für wen und in wessen Auftrag sie tätig sind.«

Hier wird ein inhaltlicher Kernbestand rechtspopulistischer Propaganda rhetorisch benutzt – der Aufbau eines Gegensatzes zwischen ›denen da oben, die unsere nationalen Interessen verraten‹, und ›uns, die den Mut beweisen, ehrlich für diese Interessen zu kämpfen‹.[96] Sozioökonomische Fragen und Gegensätze, politische Herrschaftsverhältnisse und divergierende Interessen werden im rechtspopulistischen Dualismus von ›Gut und Böse‹ umgedeutet zu ›nationalen‹ versus ›antinationalen‹ Interessen.

Hieran anschließend greift Lucke ein weiteres rhetorisches Mittel rechtspopulistischer Propaganda auf: Die Positionierung als Außenseiter und Opfer ›mächtiger‹ wie zugleich ›antinationaler‹ Anfeindungen: »Liebe Freunde, ich gebe mich keinen Illusionen hin. Mit dieser politischen Botschaft werden wir im europäischen Wahlkampf den heftigsten Anfeindungen ausgesetzt sein. Die Altparteien werden tun, was sie können, um uns in Misskredit zu bringen. Und sie können viel, denn sie sind groß, reich und stark.«

Auch hierbei tritt ein Merkmal rechtspopulistischer Inszenierung zutage: Der Opferstatus dient rechtspopulistischen Parteien dazu, ihren besitzstandswahrenden Wohlstandschauvinismus zu verkleiden als ›heroischen Kampf‹ gegen ›übermächtige‹ und ›volksfeindliche‹ Gegner. Der ›Klassen-

---

[96] Vgl. Kapitel 1.1.

kampf von oben‹ wird propagandistisch umgedeutet zu einem ›Kampf des nationalen Außenseiters‹ gegen eine ›antinationale Macht‹. Hierdurch wird die exkludierend marktradikale programmatische Ausrichtung der AfD moralisierend verklärt als ›ehrenvolles‹ Eintreten für ›das Volk‹. Genau einen solchen moralischen Gegensatz baut Lucke im weiteren Verlauf seiner Rede auf: »Wir können gegen die Übermacht der Altparteien und ihres Geldes und ihren Einfluss auf die Medien nur kontern mit unserer Überzeugung, mit unserem Engagement, mit unserer Opferbereitschaft für die gemeinsame Sache.«

Nachdem Lucke in weiteren Sätzen die moralisierende Gegenüberstellung von den ›unmoralischen Mächtigen‹ und den sich ›aufopfernden Schwachen‹, welche für die ›gute‹ – nationale – Sache eintreten, ausgeschmückt hat, wechselt er von der Opferrolle in die Rolle des Siegreichen. Um der Aufopferung und dem Kampf für den AfD-Erfolg die moralische Berechtigung zuzusprechen und zugleich den Glauben an einen ›guten Ausgang‹ zu wecken, bemüht Lucke biblische Motive: »Wenn wir mutig, ehrlich und beherzt kämpfen, dann kann auch der kleine AfD-David dem großen und starken Altparteien-Goliath doch zumindest den ein oder anderen schmerzlichen Denkzettel verpassen.«

Lucke beendet seine Bewerbungsrede mit einem Gedicht über David und Goliath, das er mit den Worten einleitet:

»*Dann, meine Damen und Herren, werden sich die Altparteien am Tage nach der Europawahl vielleicht an die Schlussverse von Matthias Claudius erinnern, der nach der Niederlage des Goliath resümiert:*
›*Trau nicht auf deinen Tressenhut,*
Noch auf den Klunker dran!
Ein großes Maul es auch nicht tut:
Das lern vom langen Mann;
Und von dem kleinen lerne wohl:
Wie man mit Ehren fechten soll.‹[97]
Das lasst uns gemeinsam tun, vielen Dank!«

Inhalt, Aufbau und Rhetorik dieser Rede zeigen deutliche Affinitäten zu den Kernbeständen rechtspopulistischer Stilmittel. Dies zeigen auch

---

[97] Lucke zitiert hier Matthias Claudius (1740-1815), den deutschen Dichter, Redakteur, Erzähler und Herausgeber des Wandsbecker Boten, in dem er seine politisch konservative Haltung und seine Ablehnung der Aufklärung zum Ausdruck brachte: Pseudonym Asmus, Auszug aus dem Gedicht: Die Geschichte von Goliath und David in Reime bracht.

3.1 Rechter Anti-EU-Populismus

weitere Hinwendungen zu einem rechten Sprachduktus in Luckes Verlautbarungen. So bekundete er in einem Interview in der Zeitung *Merkur* hinsichtlich der Frage nach seiner Wortwahl vom »sozialen Bodensatz« in Bezug auf Zuwanderer, er fände »diese Art von Sprachpolizei albern«.[98] In der *Thüringischen Landeszeitung*[99] antwortete er auf die Frage nach dem Grund für das gute Abschneiden der AfD bei der Wahl in den ostdeutschen Bundesländern, diese hätten eben »ein unbefangeneres Verhältnis zu Fragen der nationalen Identität als auf dem Gebiet der alten Bundesrepublik. Man schämt sich dort nicht, deutsch zu sein«. In Westdeutschland hingegen seien viele so sozialisiert worden, »dass man niemals sagen darf, dass etwas in deutschem Interesse ist. Es muss immer alles im europäischen Interesse sein. Das Vertreten nationaler Interessen wird hier in Thüringen oder Sachsen mit mehr Sympathie aufgenommen.« Nationalistische Anklänge traten in seiner Aschermittwochsrede zutage, als Lucke laut Wiedergabe der *Berliner Zeitung* erklärte: »Wir setzen uns für die deutschen Interessen in Europa ein, weil unser Land uns wichtig ist, als ein Land, das sein Gepräge und seine Selbstständigkeit wahrt. Sie in Bayern fassen das treffend in drei Worte: Mir san mir!« Und weiter: »Wir wollen, dass Deutsche Deutsche bleiben und dass die Bayern Bayern bleiben.«[100]

Der ehemalige BDI-Präsident Hans-Olaf Henkel präsentierte sich bei seiner Kandidatur als öffentlichkeitswirksames »Zugpferd« für die Partei. So lässt er in seiner schriftlich verfassten Bewerbung für die AfD-Kandidatenliste zur Europawahl verlauten: »Erstens möchte ich im Wahlkampf mithelfen, möglichst vielen Mitstreitern der AfD einen Platz im Europäischen Parlament zu sichern. Zweitens möchte ich mit den zukünftigen AfD-Parlamentskollegen sowohl in Europa als auch in Deutschland für ein freiheitliches und subsidiäres Europa werben. Drittens will ich im Parlament mit möglichst viel Gleichgesinnten aus anderen Ländern der zentralistischen Gleichmacherei in der EU einen Riegel vorschieben. Schließlich möchte ich auch vom Europäischen Parlament aus AfD-Mitglieder dabei unter-

---

[98] Afd-Chef Lucke: »Ich bin kein Liberaler«, www.merkur-online.de/aktuelles/politik/afd-chef-bernd-lucke-interview-ich-kein-liberaler-3395723.html, abgerufen am 8.3.2013.

[99] AfD-Vorsitzender Bernd Lucke zu Wahlchancen seiner Partei, in: Thüringische Landeszeitung vom 9.3.2014, www.tlz.de/startseite/detail/-/specific/AfD-Vorsitzender-Bernd-Lucke-zu-Wahlchancen-seiner-Partei-1527404554, abgerufen am 10.3.2014.

[100] Geyer, Steven: Politischer Aschermittwoch der AfD. »Servus Europa«, in: Berliner Zeitung vom 5.3.2014.

stützen, in deutsche Landtage und schließlich in den Deutschen Bundestag einzuziehen.«[101]

In einem Interview mit dem *Handelsblatt* ging Henkel auch auf die Frage nach den Zielen der AfD im EU-Parlament ein: »Wenn die AfD erst einmal im Europaparlament ist, sollte sie sich mit den Kräften verbünden, die sich für ein subsidiäres, wettbewerbsorientiertes Europa einsetzen. Für ein Europa der Vaterländer, wie es Charles de Gaulle einmal definierte, und nicht für einen europäischen Zentralstaat à la Schäuble, von der Leyen und Lindner. Letzteres halte ich für katastrophal.«[102]

Die Aufzählung lässt erkennen, dass Henkel eine Verknüpfung von neoliberalen Forderungen (»wettbewerbsorientiertes Europa«) und nationalkonservativen Losungen (»Europa der Vaterländer«) herstellt.

Beatrix von Storch hingegen benannte in ihrer Bewerbungsrede in Aschaffenburg[103] die ihrer Ansicht nach wichtigste Aufgabe der AfD im Wahlkampf: »Das Europa der souveränen Nationalstaaten sollten wir in den Mittelpunkt unseres Wahlkampfes stellen.«

Ähnlich wie schon Bernd Lucke baute auch Frau von Storch zunächst rhetorisch einen Gegensatz zwischen einem ›Wir‹ und allen ›Anderen‹ hinsichtlich der europäischen Einigung auf. Daran anschließend unterstellte sie ebenso wie Lucke den ›Anderen‹ pauschal, etwas Grundlegendes zu »verschweigen«: »Alle anderen Parteien schwadronieren von der europäischen Einigung, aber sie verschweigen daher etwas. Und das müssen wir herausarbeiten. Wir müssen sie zur Beantwortung der Frage zwingen und diese Frage heißt: Was steht am Ende der Europäischen Union? Was steht da?«

Auch hier entwickelt Frau von Storch ebenso wie Lucke rhetorisch eine moralisierende Gegenüberstellung von Ehrlichkeit und Unehrlichkeit. Daraus abgeleitet wird die eigene – antieuropäische und nationalistische – Positionierung zur Europapolitik zum Akt einer ›Wahrheitsverkündung‹ gegenüber einer groß angelegten ›Verschleierung‹ stilisiert: »Die ehrliche Antwort erfordert ein Bekenntnis: Entschleiern wir, was alle anderen zu verdecken

---

[101] www.alternativefuer.de/unsere-kandidaten-fuer-europa/, abgerufen am 1.3.2014.

[102] Neuer, Dietmar: »Der Euro hat verheerende Nebenwirkungen«, in: Handelsblatt vom 14.1.2014, www.handelsblatt.com/politik/deutschland/interview-mit-hans-olaf-henkel-sarrazin-wuerde-gut-zur-afd-passen/9325720-7.html, abgerufen am 19.1.2014.

[103] www.alternativefuer.de/unsere-kandidaten-fuer-europa/, abgerufen am 1.3.2014.

versuchen. Es steht bei allen anderen Parteien auf diese Frage am Ende der europäischen Vereinigung der EU-Zentralstaat. Sie wollen alle diesen großen, neuen Superstaat. Und wir sind die einzigen, die das ablehnen.«

Auf diese Gegenüberstellung aufbauend vollzieht Frau von Storch eine Hinwendung zu einer nationalistisch hergeleiteten Einschränkung demokratischer Geltungsbereiche: »*Aber sagen wir doch ganz klar: warum lehnen wir das ab? Weil wir die Demokratie verteidigen. Demokratie geht nur national. Sie geht nicht international. Sie heißt: Herrschaft des Volkes, es heißt: eines Volkes, nicht Herrschaft der Völker.*«

Dieses nationalistische Demokratieverständnis geht einher mit einem ähnlich gelagerten Kulturverständnis: »*Und wir haben kein EU-Volk. Und dieses eine Volk muss eine Regierung dann auch kontrollieren können. Dazu braucht es Öffentlichkeit, eine Öffentlichkeit. Das geht in der Schweiz vielleicht mit drei Kulturen und drei Sprachen. Aber das geht nicht mit 28 Kulturen und 24 Sprachen. Wer gegen den EU-Zentralstaat ist, für souveräne Nationalstaaten, der ist kein Nationalist, der ist Demokrat.*«[104]

Zwar spricht sich die Kandidatin dagegen aus, ihre nationalisierende Einschränkung des Demokratiebegriffes als Nationalismus zu verstehen. Doch ein Verständnis von Demokratie, das selektierend exklusive Gültigkeit für eine oder wenige »Kulturen« beansprucht und pauschal transnationalen demokratischen Institutionen deren Demokratiegültigkeit mit dem Verweis abspricht, diese seien nicht »national« – ein solches Verständnis von Demokratie kann sehr wohl als nationalistisches Demokratieverständnis bezeichnet werden. Die von Frau von Storch betriebene Einschränkung der Demokratiegültigkeit auf den Nationalstaat entspricht dem neurechten Bestreben einer Nationalisierung des Politischen. Sie spricht damit pauschal einer »postnationalen Demokratie«[105] ihre Existenzberechtigung ab.

3.2 Sarrazin und die »political correctness«

Die AfD weist auf ihren Internetseiten sowie in Stellungnahmen ihrer namhaften Vertreter deutliche Affinitäten zu den Thesen des erfolgreichen Buchautors Thilo Sarrazin auf. Dies scheint neben inhaltlichen auch wahl-

---

[104] www.alternativefuer.de/unsere-kandidaten-fuer-europa/, abgerufen am 12.3.2014.
[105] Vgl. Dingwerth/Blauberger/Schneider 2011.

taktische Gründe zu haben: Spätestens seit der »Sarrazin-Debatte« wird hierzulande ausführlich die Frage um die Chancen einer neuen Rechtsaußenpartei diskutiert: Rund 18% der Wählerstimmen prognostizierte im September des Jahres 2010 eine Emnid-Umfrage einer fiktiven Sarrazin-Partei.[106] Doch bislang konnte keine Partei rechts der Union dieses Einstellungspotenzial bündeln.

Mit seinen Thesen bediente Sarrazin jedoch nicht bloß muslimfeindliche und sozialbiologistische Zuschreibungen,[107] sondern auch eine Euro- und EU-skeptische Haltung[108] sowie eine Kampfansage an einen angeblich von links vorherrschenden »Tugendterror«. In seinem bislang dritten Buch verortet der Erfolgsautor die angeblich vorherrschende Einschränkung von (angeblich auch seiner eigenen) Meinungsfreiheit in einem hermetischen »Code des Guten, Wahren und Korrekten, der große Teile der Medienklasse dominiert«. Jene »Political Correctness« sei zu einem »transnationalen Phänomen des Abendlandes geworden«, welches »zumindest in Europa von der linken Ecke des politischen Meinungsspektrums geprägt ist«.[109]

Interessanterweise nimmt Sarrazin schon im ersten Abschnitt des ersten Kapitels argumentativ Bezug auf einen Beitrag des AfD-Gründungsmitglieds Alexander Gauland im *Tagesspiegel*: »*Alexander Gauland beklagt zwar ganz zu Recht, in Deutschland habe ›sich ein Hang zur Intoleranz breitgemacht‹ mit der Tendenz, ›die vom Mainstream abweichende Position ins moralische Aus zu drängen‹. Dies geht aber nur dort, wo sich jemand aus Mangel an Mut und Entschlossenheit auch drängen lässt.*«[110]

---

[106] Umfrage: Jeder fünfte Deutsche würde eine Sarrazin-Partei wählen, 5.9.2010. www.welt.de/politik/deutschland/article9409117/Jeder-fuenfte-Deutsche-wuerde-Sarrazin-Partei-waehlen.html , abgerufen am 13.2.2012.

[107] Vgl. Ahlheim 2011.

[108] So etwa durch sein Werk »Europa braucht den Euro nicht« (2012). Zudem stellt Sarrazin die Haltung der SPD, der Grünen und der Linken zum Euro in einen bedenklichen Zusammenhang: Die Zeitung *Focus* zitiert ihn bei einer Buchpräsentation mit der Vorstellung der These, jene Parteien würden den Euro aus jenem Reflex unterstützen, »wonach die Buße für Holocaust und Weltkrieg erst endgültig getan ist, wenn wir alle unsere Belange, auch unser Geld, in europäische Hände gelegt haben«. www.focus.de/finanzen/news/staatsverschuldung/europa-braucht-den-euro-nicht-thilo-sarrazin-sieht-eurobonds-als-busse-fuer-holocaust-und-weltkrieg_aid_755135.html, abgerufen am 5.7.2013.

[109] Sarrazin 2014: 35.

[110] Ebd.: 21.

3.2 Sarrazin und die »political correctness«

In der Tat kann Gaulands Beitrag mit der Überschrift »Das politisch korrekte Deutschland«[111] als eine Art von vorab publiziertem Thesenpapier für die Ausgestaltung des Sarrazin'schen Buches zum »Tugendterror« gelesen werden: Der Autor wendet sich darin gegen einen »Hang zur Intoleranz« in demokratischen Debatten, in denen angeblich eine »vom Mainstream abweichende Position ins moralische Aus« gedrängt würde. Im Beitrag nennt Gauland konkrete Beispiele für solche Positionen: die Frauenquote, das Gender-Mainstreaming, den Klimawandel, die Zuwanderung, Sarrazin und den Zweiten Weltkrieg. Über den Nutzen der Frauenquote dürfe gar nicht mehr sinnvoll diskutiert werden, und wer auf den »kleinen Unterschied« zwischen Frauen und Männern verweise, werde »von bigotten Gender-Ideologen schief angesehen«. Auch »Zweifel an einem ausschließlich von Menschen gemachten Klimawandel« dürfe man kaum noch äußern, »ohne in die Nähe der Holocaust- oder Auschwitz-Leugner zu geraten«. Ebenso würde »in keinem anderen Land der Welt« die Frage, »ob Zuwanderung aus fremden Kulturkreisen für ein Land und seine Gesellschaft sinnvoll oder belastend ist, und ob sich manche Kulturkreise schwerer damit tun, als die vielen klugen türkischstämmigen Fernsehgesichter demonstrieren wollen, von so vielen Tabus umstellt«. Auch bei der Debatte um Sarrazin gehe es »allein darum, ob nach dem Urteil selbst ernannter Zensoren nicht nützliche Debatten überhaupt noch geführt werden dürften«. Als Beispiel einer früher angeblich noch besser ausgeprägten Meinungskultur führt der Autor folgende Begebenheit auf: »Der konservative CDU-Politiker Alfred Dregger pflegte gern darauf hinzuweisen, dass er in den Maitagen 1945 in Breslau bis zur letzten Patrone gegen die Russen gekämpft habe. Obwohl dieser Sündenstolz schon damals manches Stirnrunzeln hervorrief, hat es doch seiner Karriere nicht geschadet. Ähnliche Bemerkungen würden heute wohl nicht nur zum Karriereende, sondern auch zum umgehenden Ausschluss aus jeder politisch korrekten Diskussion führen. Deutschland ist nicht nur weiblicher, weltoffener und demokratischer geworden, es hat sich auch ein Zug zum Intoleranten breitgemacht.«[112]

Gaulands Behauptungen von einer angeblich durch linke »political correctness« gesteuerten Unterdrückung der Meinungsfreiheit und seine Beispiele hierzu halten der Realität nicht stand. So wird sehr wohl in der Union

---

[111] Gauland, Alexander, Offener Meinungskampf. Das politisch korrekte Deutschland, in: Tagesspiegel vom 10.12. 2012.
[112] Ebd.

offen über die Frauenquote debattiert. Auch über das Gender Mainstreaming finden öffentliche Auseinandersetzungen statt, ebenso über den Klimawandel und erst recht über das Thema Zuwanderung. Allein die schlichte Erinnerung daran, dass der Verkaufserfolg von Thilo Sarrazins Büchern erst durch Vorabdrucke und PR in den einflussreichen Medien *Spiegel* und *Bild*-Zeitung zustande gekommen ist, verdeutlicht die Mär von angeblicher Zensur der darin geäußerten Thesen. Die Art der Bewertung der in der Nachkriegszeit lange geleugneten Verbrechen der Wehrmacht und das vielfach kolportierte Bild vom ›anständigen deutschen Soldaten‹ unterscheidet schließlich eine sich der NS-Vergangenheit stellende von einer diese verklärenden Haltung. Deshalb geht es bei dem hier vorgestellten Beitrag von Gauland nicht um den Wahrheitsgehalt der genannten Beispiele von ›Intoleranz‹ und ›unterdrückter Meinungsfreiheit‹, sondern um die dahinter stehende politische Botschaft. In dem Beitrag spiegeln sich plakativ die Grundaussagen rechtsgesinnter Kampfansagen gegen eine angebliche »political correctness«, wie sie in Blättern wie der neurechten Wochenzeitung *Junge Freiheit* schon seit etlichen Jahren kampagnenförmig verbreitet werden.[113]

Dem offen rassistisch ausgerichteten Internetblog mit dem Namen politically incorrect gefielen die Ausführungen Gaulands so sehr, dass sie über das eigene Portal zur Lektüre angeboten wurden.[114] Eine so gelagerte Kritik an angeblichen Denk- oder Meinungsverboten sieht erklärtermaßen in dem mit der Chiffre »1968« belegten gesellschaftlichen Aufbruch, in den Emanzipationsbewegungen von Frauen und sexuellen Minderheiten, in der kritischen Aufarbeitung der NS-Vergangenheit wie in der zivilgesellschaftlichen Demokratisierung der Bundesrepublik und ihrer allmählichen Öffnung zum Selbstverständnis ihrer multikulturellen Verfasstheit ihre Gegner.

Die AfD-Sprecherin Frauke Petry erklärte in einem Interview, »dass ›political correctness‹ zum Unwort des Jahrzehnts gekürt werden müsste!«[115]

---

[113] Vgl. Kellershohn (2013).
[114] Vgl. www.pi-news.net/2012/12/alexander-gauland-polit-korrektes-deutschland/, abgerufen am 1.7.2013.
[115] Petry, Frauke: »Political correctness sollte Unwort des Jahrzehnts werden«: Frauke Petry will mit der Alternative für Deutschland dem Euro Tschüss sagen, www.junge-politiker.de/2013/04/18/political-correctness-sollte-unwort-des-jahrzehnts-werden-frauke-petry-will-mit-der-alternative-fuer-deutschland-dem-euro-tschuess-sagen/, abgerufen am 10.3.2014.

3.3 Populistische Wortspiele

AfD-Sprecher Bernd Lucke wiederum äußerte sich in vergleichbarer Form in einem Interview im rechten Querfrontmagazin *Compact*. Dort antwortet er auf die Frage nach seiner Einschätzung zu Sarrazins Prognose »Deutschland schafft sich ab«: »Sarrazin gebührt das große Verdienst, mit seinem Buch auf wichtige Missstände in Deutschland hingewiesen zu haben: Unsere Bildungsmisere, Integrationsprobleme von Zuwanderern, unser enormes demographisches Problem. Das alles wird von der Politik gerne totgeschwiegen, weil sie die erforderlichen unbequemen Antworten nicht geben will. Dennoch würde ich nicht von ›Deutschland schafft sich ab‹ sprechen, weil das ja so klingt, als ob wir die Selbstabschaffung aktiv betreiben. Tatsächlich ist Deutschland einfach schwach und nachgiebig gegenüber schleichenden Veränderungen, die langfristig die Substanz unserer Gesellschaft bedrohen. Diese Schwäche Deutschlands, dieser Mangel an Selbstbewusstsein und der fehlende Mut, offen zu sagen, was für uns gut und wichtig ist, ist freilich nicht minder alarmierend, als wenn irgendwo aktiv selbstzerstörerische Kräfte am Werk wären.«[116]

Auch AfD-Kandidat Henkel zählt zu den Unterstützern von Sarrazins Kampf gegen die »political correctness«: Als Sarrazin für eine Buch-Publikation gegen den Euro der *Deutsche Mittelstandspreis* verliehen wurde, hielt Henkel am 6. November 2012 die Laudatio. Darin titulierte er den Preisträger als »deutschen Widerstandskämpfer im besten Sinne des Wortes«.[117]

3.3 Populistische Wortspiele

Im September 2013 berichtete die *Süddeutsche Zeitung* über eine Lucke-Rede auf einer Parteiveranstaltung der AfD in Frankfurt. Darin erklärte er, es gebe Menschen, die ohne Deutschkenntnisse und ohne Bildung ins Land kämen. Doch wegen ihrer schlechten Voraussetzungen könnten diese Menschen nicht zurechtkommen. Für sie bliebe nur ein Leben in Hartz IV. »Dann bilden sie eine Art sozialen Bodensatz – einen Bodensatz, der le-

---

[116] Lucke, Bernd: Interview in: Compact 9/2013, juergenelsaesser.wordpress.com/2013/09/05/compact-interview-mit-bernd-lucke/#more-5822, abgerufen am 12.12.2013.
[117] Henkel, Laudatio, 6.11.2012. www.facebook.com/hansolafhenkel/posts/498026440229101, abgerufen am 4.7.2013.

benslang in unseren Sozialsystemen verharrt.«[118] Der Kritik an diesen diffamierenden Zuschreibungen entgegnete Lucke u.a. mit den Worten: »Ich habe das Wort ›Bodensatz‹ nie mit bösartiger Absicht verwendet, sondern um zu beschreiben, dass unqualifizierte Zuwanderer bei uns keine wirtschaftlichen Entfaltungsmöglichkeiten haben. Ich habe das inzwischen mehrfach gesagt und verstehe nicht, warum ich darauf immer wieder angesprochen werde.«[119]

Der Sprachgebrauch von Parteisprecher Bernd Lucke wurde erneut zum Gegenstand öffentlicher Kritik, als er am Wahlabend der Bundestagswahl 2013 von »Entartungen von Demokratie und Parlamentarismus« gesprochen hatte.[120] Lucke dementierte daraufhin den bewussten Bezug zum NS-Jargon und erklärte, dass ihm von den Medien das Wort im Munde verdreht würde. Doch auch weitere Aussagen Luckes weisen bedenkliche Schnittmengen mit rechtsnationalistischer Rhetorik auf: So zum Beispiel die Deutungen der EU-Krise als Ausdruck von angeblicher Unvereinbarkeit von Nord- und Südeuropa sowie pauschale Negativzuschreibungen hinsichtlich der Arbeitsmoral von ›Südländern‹. Im Interview mit der *Frankfurter Allgemeinen Sonntagszeitung* stellte Lucke die europäische Wirtschaftskrise argumentativ in einen Zusammenhang mit einer den Bevölkerungen der südeuropäischen Staaten angeblich mangelnden Arbeitsmoral: »Wenn die Menschen in diesen Ländern weniger und entspannter arbeiten wollen und dafür weniger Wohlstand in Kauf nehmen, bitte schön. Das eigene Glück zu verfolgen ist doch das elementare Recht jedes Volks.«[121]

Solche Ausführungen suggerieren, die Krise in südeuropäischen Staaten resultiere aus fehlender Arbeitsmoral der dortigen Bevölkerungen. Solcherlei Zuschreibungen bedienen pauschalisierend das Bild vom ›faulen Südländer‹. Zudem resultiert die Annahme angeblich homogener ›Volksei-

---

[118] Schneider, Jens: AfD-Chef warnt vor »sozialem Bodensatz«, in: Süddeutsche Zeitung vom 13.9.2013.

[119] Lucke, Bernd: Ich bin kein Liberaler, Interview in: Merkur vom 4.3.2014, www.merkur-online.de/aktuelles/politik/afd-chef-bernd-lucke-interview-ich-kein-liberaler-3395723.html, abgerufen am 6.3.2014.

[120] Unger, Christian/Rybarczyk, Christoph: Hamburger Professor sieht sich als »Protest aus der Mitte«, in: Hamburger Abendblatt vom 23.9.2013, www.abendblatt.de/politik/deutschland/article120289197/Hamburger-Professor-sieht-sich-als-Protest-aus-der-Mitte.html, abgerufen am 20.10.2013.

[121] Lucke, Bernd: Raus aus dem Euro?, in: Frankfurter Allgemeine Sonntagszeitung vom 19.5.2013.

3.3 Populistische Wortspiele

genschaften‹ der Bevölkerungen der südeuropäischen Staaten hinsichtlich eines ihnen ›innewohnenden Arbeitsverhaltens‹ aus rechtspopulistischen Zuschreibungen. In einer Stellungnahme zur Zuwanderung aus Rumänien und Bulgarien wird Lucke mit der Äußerung zitiert: »Das Problem sind eher Randgruppen wie Sinti und Roma, die leider in großer Zahl kommen und nicht gut integrationsfähig sind«.[122]

Ebenfalls von den Medien missverstanden fühlte sich Lucke nach seiner Parteitagsrede am 11. Januar 2014. Dort nahm er zu dem Bekenntnis des Ex-Fußballnationalspielers Thomas Hitzlsperger Stellung: »Ich hätte es gut gefunden, wenn Herr Hitzlsperger sein Bekenntnis zu seiner Homosexualität verbunden hätte mit einem Bekenntnis dazu, dass Ehe und Familie für unsere Gesellschaft konstitutiv sind«, erklärte er auf dem hessischen Landesparteitag in Gießen.[123] Da diese mit großem Beifall aufgenommenen Äußerungen zu einem Zeitpunkt fielen, in dem die AfD im öffentlichen Bild von exzessiven internen Auseinandersetzungen geprägt war, gibt es Grund zur Annahme, dass sie bewusst dazu gewählt worden sind, Einigkeit herzustellen und durch Provokation nach außen innerparteilich zusammenzurücken.

Diese ritualisierten Wortspiele erscheinen hierbei als Ausdruck einer rechten Diskursstrategie, die folgende wiederkehrende Muster aufweist:

Mechanismen der AfD-Rhetorik
- »Mut zur Wahrheit« als Slogan gegen ›politische Korrektheit‹
- Wechselspiel zwischen rechten Thesen und Dementi
- Ritualisierte Behauptung von böswilligen Fehlinterpretationen
- Anprangerung der Medien
- Stärkung des inneren Zusammenhalts durch Einnahme eines Opferstatus
- Verschiebung des Diskurses nach rechts (»Das wird man wohl noch sagen dürfen«)

---

[122] Euro-Rebell Lucke klagt Brüssel an: EU ruiniert deutschen Sozialstaat, in: Focus vom 12.1.2014, www.focus.de/politik/deutschland/landesparteitag-afd-hessen-vorsitzender-lucke-gegen-hartz-iv-arbeitslose-einwanderer-bruessel-ruiniert-deutschland-sozialstaat-2_id_3532695.html, abgerufen am 20.2.2014.

[123] AfD-Chef kritisiert Hitzlspergers Coming-Out, in: Die Welt vom 11.1.2014, www.welt.de/politik/deutschland/article123770676/AfD-Chef-kritisiert-Hitzlspergers-Coming-Out.html, abgerufen am 13.1.2013.

Auch im Umgang mit Kritik an einem rechtslastigen Sprachgebrauch zeigen AfD-Sprecher bedenkenswerte Ansichten auf: Anstatt sich selbstkritisch mit rechten Tendenzen auseinanderzusetzen, werden zunehmend die Kritiker und die Medien verurteilt. So warf Bernd Lucke der Bundeszentrale für politische Bildung (bpb) vor, seine Partei zu diskriminieren, nachdem die AfD auf deren Internetseite als »rechtspopulistische« Partei vorgestellt wurde. Dort hatte der Politikwissenschaftler Karl-Rudolf Korte unter der Rubrik »Wer steht zur Wahl« formuliert: »Die Einordnung der AfD in das Parteienspektrum ist aufgrund ihrer noch jungen Geschichte schwierig. Dennoch wird die Partei von weiten Teilen der Politikwissenschaft als rechtspopulistisch bezeichnet.«[124] Laut Meldung der FAZ sah Lucke hierin eine »klare Verletzung des Neutralitätsgebotes, dem die Bundeszentrale für politische Bildung unterliegt. Es steht ihr nicht zu, andere Parteien abwertend zu beurteilen oder einseitig eine angeblich wissenschaftliche Mehrheitsmeinung in die Bewertung einfließen zu lassen.« Seitens der Bundeszentrale wurde dieser Vorwurf zurückgewiesen. Unterstützt wurde sie laut FAZ von dem Politikwissenschaftler Frank Decker, der erklärte: »Die Verwendung des Begriffs ›rechtspopulistisch‹ im Rahmen eines Parteienprofils ist nicht nur legitim, sondern geradezu geboten, wenn die Partei den Kriterien des Rechtspopulismus entspricht.« Die Formulierung, dass die AfD von weiten Teilen der Politikwissenschaft als rechtspopulistisch eingestuft werde, »ist nicht zu beanstanden, da sie offen lässt, wie weit die ›weiten Teile‹ reichen«. Er könne deshalb nicht erkennen, dass das Neutralitätsgebot verletzt worden sei.[125]

Auffällig ist bei der Abwehr von Kritik die Begrifflichkeit: Aus den Reihen der AfD ist hierbei von der »Sprachpolizei« oder der »politischen Korrektheit« die Rede. Besonders letztere wird im AfD-Jargon zu einem zentralen Feindbild hochstilisiert. Ein kurzer Blick in einen Kommentar von AfD-Parteisprecher Konrad Adam in der *Jungen Freiheit* offenbart diese Stoßrichtung. Adam spricht sich darin gegen die »politisch korrekt verlogene Sprache, wie sie in Deutschland in Mode gekommen ist«, aus. Hintergrund dieser Zuschreibung ist die mediale Thematisierung der Aussagen von Bernd Lu-

---

[124] Karl-Rudolf Korte: Alternative für Deutschland (AfD). Parteiprofil, www.bpb.de/politik/wahlen/wer-steht-zur-wahl/europawahl-2014/180972/afd, abgerufen am 20.5.2014.

[125] Bender, Justus: AfD sieht sich diskriminiert, in: FAZ vom 6.5.2014, www.faz.net/aktuell/politik/europawahl/europawahl-afd-sieht-sich-diskriminiert-12926317.html, abgerufen am 20.5.2014.

cke über die »Entartungen« der Demokratie. Adam sieht in diesem Zusammenhang »moderne Pharisäer« in Form einer »allgegenwärtige(n) Antifa« am Werk, die sich durch die Kritik an rechten Tendenzen »Macht« verleihen würde: »Die Antifa lebt vom Dritten Reich wie die Fliege vom Kot; ohne diese Nahrung müssten ihre Mitglieder verhungern.«[126]

3.4 Manifest für einen rechten Populismus

Anfang des Jahres 2014 erschien in der Zeitschrift *Cicero* ein Beitrag von Marc Jongen im Stil eines Manifestes.[127] Der Autor ist nicht nur beruflich tätig als Dozent für Philosophie an der Staatlichen Hochschule für Gestaltung Karlsruhe und als Assistent des Rektors Peter Sloterdijk, sondern zudem politisch aktiv als stellvertretender Sprecher sowie Programmkoordinator der AfD Baden-Württemberg. Sein Beitrag wird daher als »AfD-Manifest« bezeichnet und als solches auch seitens der AfD beworben.

Vordergründig liest sich der Einstieg in dieses »Manifest« als Satire auf das berühmte Manifest von Karl Marx und Friedrich Engels aus dem Jahr 1848, da an dieses die Wortwahl angelehnt worden ist: »Ein Gespenst geht um in Deutschland – das Gespenst der AfD. Alle Mächte der Bundesrepublik haben sich zu einer heiligen Hetzjagd gegen dies Gespenst verbündet, die Kanzlerin und der Bundespräsident, Bischof Zollitsch und Claudia Roth, die Antifa und die Mainstream-Medien.«

Was auf den ersten Blick satirisch erscheint, verweist bei näherem Hinsehen auf die typische Feindbildmarkierung rechter Couleur, die zudem im rechtspopulistischen Jargon (»die Antifa und die Mainstream-Medien«) formuliert wird. Genau darüber jedoch beschwert sich der Autor dieser Zeilen: »Wo ist die Äußerung eines Sprechers der Alternative für Deutschland, die nicht von einem dieser Gegner als populistisch und schlimmer noch: als rechtspopulistisch gebrandmarkt worden wäre, wo ist der Vorschlag der AfD, dem der Chor dieser unseligen Allianz nicht die ›Alternativlosigkeit‹ der herrschenden Politik entgegenschleudern würde?«

Nachdem gleich zu Beginn der typische Opferstatus in Anspruch genommen worden ist, versucht der Autor, sein »Manifest« als Darlegung für »po-

---

[126] Adam, Konrad: Moderne Pharisäer, in: Junge Freiheit vom 26.9.2013.
[127] Jongen, Marc: Das Märchen vom Gespenst der AfD, in: Cicero vom 22.1.2014, www.cicero.de/berliner-republik/afd-ein-manifest-fuer-eine-alternative-fuer-europa/56894, abgerufen am 1.2.2014.

litische Grundsätze« und »Leitlinien« der »historischen Mission« der AfD anzubieten. Dazu verwirft Jongen zunächst die historische Dimension des Kommunistischen Manifestes. Durch die »Verbürgerlichung des Proletariats« durch »Eigenheime und Fernreisen für Arbeiter und Sekretärinnen« sei der Klassenkampf passé. Nun habe die Banken- und Eurokrise die »Proletarisierung der bürgerlichen Mittelschicht« verursacht. Dies geschehe nach einem politischen Plan zur Zerstörung des »freien Marktes«: »Nach dem vermeintlich endgültigen Triumph des freien Marktes beschließt das Politbüro der EU – alias Europäischer Rat – unter Führung Deutschlands die politische Suspendierung der Marktgesetze.«

Dadurch sei ein »Bankensozialismus« entstanden, der die »Miesen der Geldhäuser« in negatives »Volkseigentum« verwandelt. Doch mit dem Erscheinen der AfD habe nun der »Widerstand« begonnen: »Die bürgerliche Mitte ist heute – paradox genug – die eigentlich revolutionäre Klasse. Der Endzweck dieser Revolution ist freilich nicht die klassenlose Gesellschaft, sondern die Wiederherstellung der sozialen Marktwirtschaft und der Souveränität des Volkes gegenüber dem Lobbyismus.«

Als »Manifest zur Revolution der Reaktionäre« könnte dieser Aufruf treffender betitelt werden. Denn Jongen benennt explizit deren reaktionären Charakter: »Alle von der AfD bisher formulierten Ziele tragen restaurative Züge: Zurück zu den Maastrichter Verträgen, zurück zu den im Grundgesetz formulierten Prinzipien, zurück, wenn nötig, zur nationalen Währung. Vor dem beschriebenen Hintergrund ist das konsequent und richtig. Ohne die Restauration von Rechtsstaatlichkeit und Demokratie, von Vertragstreue und Marktwirtschaft ist ›Fortschritt‹ heute bestenfalls eine Leerformel, schlimmstenfalls Betrug.«

Als Träger einer solchen »historischen Mission« fordert der Autor das Bekenntnis der AfD zur Positionierung als »konservative Avantgarde« zur Neuerschaffung »traditionswürdiger Zustände«: »Eine Schlüsselrolle werden dabei unsere Landessprache und die Familie spielen. Beides sind essenzielle Bausteine der Kulturtradierung, ohne die aus dem ›Wirtschaftsstandort Deutschland‹ das zweite Wort schon bald zu streichen sein wird.«

All dies sei ebenso wie die »geistige Liberalität« bedroht von »dreisten Ideologen« in Presse und Ministerien, die durch »Gleichschaltung« das »freie Leben politisch korrekt auf Linie zu bringen« versuchten. Dagegen empfiehlt der Autor eine brisante Umdeutung des politischen Verständnisses von Liberalismus: »Genuin liberal zu sein, heißt heute, konservativ zu sein. Zuweilen sogar reaktionär.« Genau eine solche reaktionäre Poli-

3.4 Manifest für einen rechten Populismus

tik empfiehlt Jongen als deutsche »Vision« gegen die Europäische Union – »Zentralmonster der strukturellen Korruption im politischen System Europas«: »Die Vision eines Deutschlands, dessen produktive, kulturtragende Schicht sich aus dem Zangengriff von ausufernder Sozialindustrie unten sowie asozialen Finanzeliten oben befreit, in dem echter Bürgersinn und Meritokratie folglich wieder Platz greifen können. Die Vision eines Deutschlands, dessen Weltoffenheit nicht einem verdrucksten schlechten Gewissen, sondern einem gesundeten Selbstbewusstsein entstammt. Dieses allein befähigt zur echten Wertschätzung des Fremden – wie auch zu dessen gerechter Kritik. Nur ein solches Land ist im Übrigen attraktiv für solche Zuwanderer, die zur Integration willens und fähig sind.«

Zusammenfassend stellt dieses Traktat eine Ansammlung von Slogans aus dem propagandistischen Arsenal des europafeindlichen Rechtspopulismus dar: Es ist ein sprichwörtlich reaktionärer Aufruf zur Wutbürger-Revolte mit deutlich wohlstandschauvinistischem Einschlag. Dass dieses »Manifest« für die AfD inhaltlich Bedeutung beanspruchen kann, zeigt die Tatsache, dass es auf deren offizieller Internetseite präsentiert wird.[128]

---

[128] AfD-Manifest, www.alternativefuer.de/2014/01/23/afd-manifest/, abgerufen am 10.2.2014.

Die »Mut«-Bürger

4. Der politische Kontext der AfD

Der bisherige Erfolg der AfD ist nur zu verstehen, wenn man ihn in Bezug setzt zu den inneren Konflikten in den wirtschaftsliberalen und konservativen Milieus über den Kurs der deutschen Regierung in der Eurokrise. Der 25. März 2010, an dem die Bundeskanzlerin auf dem EU-Gipfel dem ersten »Rettungspaket« für Griechenland zustimmte, steht als Schlüsselmoment für die Gründung der AfD. Für den Minderheiten-Flügel im deutschen Wirtschafts-Establishment, der das Festhalten am Euro ablehnt und sogar für verhängnisvoll hält, war das eine schwere Niederlage. »Dass Bundeskanzlerin Merkel an einem Vormittag des Jahres 2010 versicherte, Griechenland werde keine Finanzhilfen erhalten, dieses Versprechen aber schon am Nachmittag brach«, sei »der Auslöser« für die Gründung der *Wahlalternative 2013* gewesen, schrieb im April 2013 die der AfD verbundene Internetzeitung *Die freie Welt*.[129] Aus der *Wahlalternative 2013* ging Anfang 2013 unmittelbar die AfD hervor.

Das Spektrum derjenigen, welche das Festhalten am Euro für viel zu riskant und zu kostspielig hielten und sich deshalb nach dem 25. März 2010 auf die Suche nach Möglichkeiten zur politischen Intervention machten, lässt sich wie folgt beschreiben: Es gab zunächst eine Gruppe von Wirtschafts-Professoren mit einer neoliberalen Ausrichtung, die die Euro-Rettungsmaßnahmen für gefährlich und den für sie nötigen Einsatz umfangreicher Gelder für unzulässige staatliche Marktinterventionen hielten. Dazu kamen Vertreter mittelständischer Unternehmen mit massiven Vorbehalten gegenüber der Euro-Rettungspolitik, die vor allem die drohende Inflation und eine mögliche Währungs-Instabilität fürchteten. Zu diesen zwei Gruppen gesellte sich noch eine dritte, allerdings deutlich kleinere Gruppe von Ökonomen, über welche Roland Tichy in der *WirtschaftsWoche* schrieb, sie hätten vor der Einheitswährung wegen deren innerer Widersprüche »von Anfang an gewarnt«.[130]

Zu den Wirtschafts-Professoren, die im Jahr 2010 gegen die Euro-Rettungsmaßnahmen der Bundesregierung mobil zu machen begannen, gehört an vorderster Stelle Bernd Lucke. Er war bereits 1978 in die CDU ein-

---

[129] Ausführliche Infos zur AfD in »Die freie Welt«, 11.4.2013, www.freiewelt.net/nachricht/ausfuhrliche-infos-zu-afd-in-der-welt-22340/, abgerufen am 15.8.2013.
[130] Roland Tichy: Der wahre Teuro, 16.1.2010. blog.wiwo.de/chefsache/2010/01/16/der-wahre-teuro/, abgerufen am 15.8.2013.

4.1 Der Hamburger Appell

getreten, hatte Wirtschaftswissenschaften an der Universität Bonn sowie an der University of California in Berkeley studiert und war 1988 an die Freie Universität Berlin gegangen, wo er 1991 promovierte und 1997 habilitierte. Seit 1998 wirkt er als Professor für Volkswirtschaftslehre an der Universität Hamburg und hat seine akademische Tätigkeit immer wieder mit praktischen Aktivitäten verbunden. 1990 arbeitete er als wissenschaftlicher Referent beim *Sachverständigenrat zur Einführung der Sozialen Marktwirtschaft in der DDR*, 1991 bis 1992 hatte er den Posten eines Leitungsreferenten beim Senator für Finanzen des Landes Berlin inne.[131] Später beriet er zeitweise die Weltbank.

4.1 Der *Hamburger Appell*

Seine erste Intervention in die Bundespolitik startete Lucke im Jahr 2005. Damals hatte es – kurz vor der Bundestagswahl – aus den Reihen der rot-grünen Bundesregierung Äußerungen gegeben, die nach den Hartz IV-Kürzungen nun wieder für Lohnerhöhungen plädierten. Lucke initiierte daraufhin gemeinsam mit seinen Hamburger Professoren-Kollegen Michael Funke und Thomas Straubhaar den Hamburger Appell, der im Sommer 2005 – ebenfalls noch vor der Bundestagswahl – veröffentlicht wurde. Dieser Appell richtete sich dezidiert gegen die erwähnten Vorschläge, die Lohnkürzungen zu beenden. »Durch geeignete Maßnahmen, so wird suggeriert, könne eine Erhöhung der Binnennachfrage erreicht werden, die eine Überwindung der strukturellen Wachstumsschwäche nach sich ziehen würde«, fassten Lucke, Funke und Straubhaar den rot-grünen Kerngedanken zusammen – und wiesen ihn dezidiert zurück: »Diese Vorstellung ist falsch und gefährlich. Als Hochschullehrer für Volkswirtschaftslehre warnen wir eindringlich davor, Illusionen zu erzeugen und damit die Akzeptanz notwendiger Reformen zu untergraben. Wir appellieren an das Verantwortungsbewusstsein der gewählten Volksvertreter, der Versuchung einfacher Lösungen zu widerstehen und statt dessen ungeschönte Antworten auf die drängenden ökonomischen Fragestellungen zu geben.«[132] Es gelang den In-

---

[131] Prof. Dr. Bernd Lucke: CV. www.wiso.uni-hamburg.de/en/professuren/wachstum-und-konjunktur/team/prof-dr-bernd-lucke/cv/, abgerufen am 15.8.2013.

[132] Hamburger Appell, www.wiso.uni-hamburg.de/fileadmin/wiso_vwl_iwk/paper/appell.pd, abgerufen am 15.8.2013.

itiatoren, fast 250 Ökonomen zur Unterzeichnung des Dokumentes zu bewegen und dadurch auf die öffentliche Debatte einzuwirken.

An das Format des Hamburger Appells knüpfte Lucke im Jahr 2010 mit der Gründung des Plenums der Ökonomen an. Den Anstoß gab die Entscheidung der Bundesregierung, das »Rettungspaket« für Griechenland mitzutragen. »Hinter uns liegen dramatische Wochen«, formulierte Lucke im Gründungsaufruf für das Forum der Ökonomen: »Die drohende Zahlungsunfähigkeit von Mitgliedsstaaten der Eurozone und die vermeintlichen Gefahren für die Gemeinschaftswährung gaben Bundesregierung und Europäischer Zentralbank Anlass, in kürzester Zeit Entscheidungen von historischer Tragweite zu treffen.«[133]

Abhilfe schaffen könne man, so heißt es in dem Aufruf weiter, wenn deutsche Wirtschaftswissenschaftler ein kontinuierlich arbeitendes Forum gründeten, »um sich kompetent, prägnant und ggf. auch schnell zu aktuellen wirtschaftspolitischen Entwicklungen von nationaler Bedeutung äußern zu können«. Bündele man den vorhandenen wirtschaftswissenschaftlichen Sachverstand, dann könne die Politik jederzeit darauf zurückgreifen – das war der Grundgedanke. »Das Plenum der Ökonomen berät und äußert sich ausschließlich zu volkswirtschaftlichen Ausnahmesituationen von herausragender nationaler Bedeutung«, heißt es im Gründungsaufruf – erneut mit klarem Bezug auf die Euro-Krise – weiter: »Einziges Ziel des Plenums ist es, die Öffentlichkeit und die demokratisch legitimierten Institutionen unseres Staates rechtzeitig und fundiert über die Einschätzung der diesem Staat dienenden Wissenschaftler zu informieren.«

Nach Möglichkeit sollten sich sämtliche »Hochschullehrer für Volkswirtschaftslehre, die an einer deutschen Universität oder als deutsche Staatsbürger an einer ausländischen Universität lehren«, an dem »Plenum« beteiligen, schlugen die Erstunterzeichner vor. Stellungnahmen des »Plenums« könnten via Internet problemlos und bei Bedarf in kürzester Frist erarbeitet werden. Bis zum Juni 2013 schlossen sich dem Aufruf mehr als 320 Wirtschaftswissenschaftler aus ganz Deutschland an.

Einlösen konnte das *Plenum der Ökonomen* seinen Anspruch sicherlich nicht. Immerhin ist ihm aber im Februar 2011 ein Achtungserfolg gelungen: Eine scharfe Stellungnahme gegen die Absicht, den Euro-»Rettungsschirm« auszudehnen und einen dauerhaften Rettungsmechanismus zu etablieren,

---

[133] Gründungsaufruf an alle deutschen Hochschullehrer für Volkswirtschaftslehre, www.wiso.uni-hamburg.de/lucke/?page_id=375, abgerufen am 15.8.2013.

4.1 Der Hamburger Appell

rief eine heftige Debatte in der Fachwelt hervor. »Dauerhafte Rettungsmechanismen, die Staatsinsolvenz und Umschuldung ausschließen«, führten unweigerlich »zu einer ungerechtfertigten Umverteilung von den Steuerzahlern der solventen Euroländer zu den Gläubigern der Schuldnerstaaten«, hieß es in dem Papier.[134] Das aber dürfe keinesfalls geschehen. Die Redaktionen bedeutender Tageszeitungen widmeten der Stellungnahme aufmerksame Berichte. Von einer »Massenpetition deutscher VWL-Professoren« sprach beispielsweise die *Frankfurter Allgemeine Zeitung*: »Der Plan der europäischen Finanzminister, den Euro-Rettungsschirm auszudehnen und einen dauerhaften Rettungsmechanismus (ESM) einzurichten, stößt auf geballten Widerspruch unter deutschen Ökonomen.«[135]

Obgleich das *Plenum der Ökonomen* bis heute existent ist, hat dessen Initiator Bernd Lucke weitere Initiativen beschritten, um seinem Anliegen zum Durchbruch zu verhelfen. Dabei ist ihm nur ein kleiner Teil des *Plenums* gefolgt. Der bekannte Kritiker der Euro-Rettungspolitik, der Präsident des *ifo Instituts für Wirtschaftsforschung*, Hans-Werner Sinn, äußert sich zurückhaltend in Bezug auf die AfD. »Bernd Lucke und viele seiner Mitstreiter sind anerkannte Ökonomen, die wissen, wovon sie reden«, erklärte Sinn, der 2010 den Gründungsaufruf des *Plenums der Ökonomen* ebenso unterzeichnet hatte wie später dessen Stellungnahme vom Februar 2011: »Trotzdem gehöre ich der Partei nicht an und gebe dem Euro noch mehr Chancen, als die Kollegen es tun.«[136]

Widerstand gegen die Euro-Rettungspolitik der Bundesregierung gab es von Anfang an auch aus dem Mittelstand, von seinen Verbänden und von seiner politischen Vertretung in den etablierten Parteien. Gerd Robanus von der *Mittelstands- und Wirtschaftsvereinigung der CDU/CSU* in der Unionsfraktion zählt dazu, ebenso wie der ehemalige FDP-Bundestagsab-

---

[134] Plenum der Ökonomen: Stellungnahme zur europäischen Schuldenkrise, 24.2.2011, www.faz.net/aktuell/wirtschaft/europas-schuldenkrise/stellungnahme-im-wortlaut-vwl-professoren-ueber-europas-schuldenkrise-1596622.html, abgerufen am 15.8.2013.

[135] Ökonomen gegen größeren Euro-Rettungsschirm, 24.2.2011, www.faz.net/aktuell/wirtschaft/europas-schuldenkrise/massenpetition-deutscher-vwl-professoren-oekonomen-gegen-groesseren-euro-rettungsschirm-1596745.html, abgerufen am 15.8.2013.

[136] Hans-Werner Sinn distanziert sich von Anti-Euro-Partei, 27.4.2013, www.faz.net/aktuell/wirtschaft/europas-schuldenkrise/kritiker-der-euro-rettung-hans-werner-sinn-distanziert-sich-von-anti-euro-partei-12164458.html, abgerufen am 15.8.2013.

geordnete Frank Schäffler. Dieser ist zudem Mitglied der *Friedrich-August-von-Hayek-Gesellschaft* und Vorsitzender des Kuratoriums der *Deutschen Mittelstandsstiftung*. Bundeskanzlerin Merkel müsse »hart bleiben« und dürfe »Griechenland keine Hilfen versprechen«, forderte er exemplarisch Anfang März 2010.[137] Als seine Partei die Euro-Rettungspolitik mittrug, trat er aus Protest vom Amt des Obmanns der FDP-Fraktion im Finanzausschuss des Deutschen Bundestages zurück.

Schäfflers Aktivitäten in der FDP sind ein treffendes Beispiel für die Bemühungen parteipolitisch aktiver Mittelstands-Vertreter, die Euro-Rettungspolitik zu modifizieren und, wenn möglich, zu beenden. So beteiligte er sich noch im Jahr 2010 an der Gründung einer parteiinternen Pressure-Group mit der Bezeichnung *Liberaler Aufbruch*, die am 11. Dezember 2010 ihre Positionen zur Euro-Krise und der Euro-Rettungspolitik programmatisch übertitelte: »Die Weichen werden in der Eurokrise weiterhin falsch gestellt«.[138] Auf dem Bundesparteitag der FDP im Mai 2011 gelang Schäffler ein weithin beachteter Überraschungserfolg: Er konnte gut ein Drittel der Delegierten gegen den Willen der Parteiführung zur Ablehnung des Euro-Stabilitätsmechanismus ESM bewegen. Diese Initiative gelang ihm in Zusammenarbeit mit Burkhard Hirsch vom Bürgerrechts-Flügel der FDP, dessen Kritik sich vor allem an der geplanten Einschränkung der demokratischen Parlamentsrechte entzündete. Schäffler initiierte zudem im Herbst 2011 einen FDP-Mitgliederentscheid zur Haltung der Partei gegenüber dem ESM, der Ende 2011 allerdings scheiterte. Ende Juni 2012 stimmte er im Bundestag gegen den ESM. Darin war er sich einig mit den Mittelstands-Politikern der Union; die *Mittelstands- und Wirtschaftsvereinigung der CDU/CSU* warb vor der Abstimmung explizit für ein »Nein«. Frank Schäffler ging zuweilen mit harschen Äußerungen an die Öffentlichkeit: »Der griechische Staat muss sich radikal von Beteiligungen an Firmen trennen und auch Grundbesitz, zum Beispiel unbewohnte Inseln, verkaufen«, forderte er etwa Anfang März 2010. Josef Schlarmann, Bundesvorsitzender der *Mittelstands- und Wirtschaftsvereinigung der CDU/CSU*, pflich-

---

[137] Gepfefferte Ratschläge aus Deutschland, 4.3.2010, www.sueddeutsche.de/geld/griechenland-in-der-krise-gepfefferte-ratschlaege-aus-deutschland-1.19557, abgerufen am 15.8.2013.
[138] Die Weichen werden in der Eurokrise weiterhin falsch gestellt, 11.12.2010, aufbruch.okweb.hosting.greybyte.com/wp-content/uploads/2011/10/Position-Europa1.pdf, abgerufen am 15.8.2013.

4.1 Der Hamburger Appell

tete ihm bei: »Ein Bankrotteur muss alles, was er hat, zu Geld machen«.[139] Einige Mittelstands-Politiker sind inzwischen zu der Überzeugung gekommen, dass die Mehrheit ihrer Parteien in absehbarer Zeit nicht von der Euro-Rettungspolitik abzubringen sein wird, und haben deshalb begonnen, sich in der AfD zu engagieren. Zur Euro-Rettungspolitik haben sich außerdem verschiedene mittelständische Wirtschaftsverbände zu Wort gemeldet. Ein Beispiel hierfür ist die *Stiftung Familienunternehmen*, zu deren Kuratoriumsmitgliedern neben zahlreichen Mittelständlern auch Ex-Bundesinnenminister Hans-Peter Friedrich gehört. Die Stiftung publizierte am 27. Juni 2011 anlässlich einer Währungskonferenz, die sie in Zusammenarbeit mit der *Welt*-Gruppe in Berlin ausrichtete, eine *Berliner Erklärung*. »Die Bundesregierung hat mit ihrer Euro-Rettungsschirm-Politik einen verhängnisvollen Weg eingeschlagen«, hieß es darin: »Der Bundestag muss daher handeln. Dazu fordern die Familienunternehmen ihn jetzt eindringlich auf. Die Währungsunion muss auf eine neue Grundlage gestellt werden. Austritt und Ausschluss müssen möglich werden.«

Die Erklärung wurde von 100 teils prominenten Familienunternehmen unterzeichnet, darunter die Buchverlage *LangenMüller Herbig*, die *Herrenknecht AG* und die *Würth Gruppe*.[140] In einer Presseerklärung der *Stiftung Familienunternehmen* zum alljährlich durchgeführten »Tag des deutschen Familienunternehmens« am 15. Juni 2012 wurde scharfe Kritik an der Euro-Rettungspolitik der Bundesregierung geäußert und gefordert: »Die Krisenländer führen ihre eigene Währung wieder ein.«[141] Zu der Veranstaltung waren mehr als 350 Vertreter führender Familienunternehmen gekommen; Reden wurden unter anderem von Ex-Bundesfinanzminister Peer Steinbrück und von Bundeskanzlerin Angela Merkel gehalten. Die Kanzlerin sah sich gefordert, auf der Stiftungs-Veranstaltung offensiv gegen die Kritik an ihrer Politik Stellung zu beziehen. Der Euro bringe Deutschland erheb-

---

[139] Gepfefferte Ratschläge aus Deutschland, 4.3.2010, www.sueddeutsche.de/geld/griechenland-in-der-krise-gepfefferte-ratschlaege-aus-deutschland-1.19557, abgerufen am 15.8.2013.
[140] Berliner Erklärung der Familienunternehmen zur Krise des Euro, 27.6.2011, www.familienunternehmen.de/media/public/pdf/news/2011/pi_2011-06-27_berliner-erklaerung-der-familienunternehmen-zur-euro-krise_v6.pdf, abgerufen am 15.8.2013.
[141] Tag des deutschen Familienunternehmens 2012: Eurorettung und Energiepolitik in der Kritik, Presseinformation der Stiftung Familienunternehmen, 15.6.2012, www.familienunternehmen.de/media/public/pdf/news/2012/pi_2012-06-15_tag-des-deutschen-familienunternehmens-2012.pdf, abgerufen am 15.8.2013.

lichen ökonomischen Nutzen, bekräftigte sie: »Die Stabilisierung des Euro-Raums ist eine Schlüsselfrage für uns«.[142] Zu den Verbänden, die sich gegen die Euro-Rettungspolitik positioniert haben, gehören auch *Die Familienunternehmer – ASU*, ein Zusammenschluss, der von seiner Geschäftsstelle in der Berliner Charlottenstraße aus die Interessen von rund 5.000 Unternehmen mit einem Jahresumsatz von mindestens einer Million Euro vertritt. Das *Handelsblatt* schrieb der Vereinigung sogar »eine zentrale Rolle im Kampf gegen immer neue Euro-Rettungsschirme« zu.

4.2 Politische Netzwerke im AfD-Umfeld

Vor der Verabschiedung des ESM durch den Deutschen Bundestag intensivierten die oben beschriebenen Gegner der Euro-Rettungspolitik aus Wissenschafts- und Wirtschaftskreisen ihre Aktivitäten und gründeten erste Bündnisorganisationen. »Immer mehr Unternehmer, Professoren und engagierte Bürger sind der Meinung, dass die ›alternativlose‹ Euro-Politik der Kanzlerin nicht alternativlos bleiben sollte«, schrieb im Mai 2012 das Handelsblatt: »Sie formieren sich zu losen Koalitionen und sich überlappenden Bündnissen, bei denen die Abgrenzung von parlamentarisch, außerparlamentarisch und Lobby-getrieben nicht einfach ist.«[143]

Das *Bündnis Bürgerwille*
Eine der genannten Vereinigungen war das *Bündnis Bürgerwille*. »Seit langem warnen namhafte Vertreter aus Wirtschaft und Wissenschaft vor dem verhängnisvollen Weg, den die Bundesregierung in der europäischen Schuldenkrise eingeschlagen hat«, hieß es in dessen Gründungsaufruf vom Februar 2012. »Diese droht die Bundesrepublik Deutschland in einen gefährlichen Strudel zu reißen, der ihre finanzielle, wirtschaftliche und politische Stabilität gefährdet.« Viele Bürgerinnen und Bürger seien darüber verärgert. »Gegen die verhängnisvolle Europapolitik der Bundesregierung engagieren sich viele Organisationen und Einzelpersonen«, hieß es im

---

[142] Schnelle Lösungen führen nicht aus der Krise, 15.6.2012, www.bundesregierung.de/Content/DE/Artikel/2012/06/2012-06-15-familienunternehmen-merkel.html, abgerufen am 15.8.2013.
[143] Wutbürger sammeln sich zum Euro-Angriff, 29.5.2012, www.handelsblatt.com/politik/international/allianz-gegen-merkels-rettungsschirm-politik-wutbuerger-sammeln-sich-zum-euro-angriff-seite-all/6684206-all.html, abgerufen am 15.8.2013.

4.2 Politische Netzwerke im AfD-Umfeld

Gründungsaufruf weiter: »Manche tun dies als Mitglieder der etablierten Parteien, die mit dem europapolitischen Kurs der Parteiführung nicht einverstanden sind, aber ihrer Partei dennoch die Treue halten wollen. Andere haben sich neuen Parteien und politischen Organisationen angeschlossen, um eine politische Alternative formieren zu können. Dritte scheuen vor der Bindung an eine politische Organisation zurück und engagieren sich auf individueller Ebene, als Berater, als Kommentator oder als Demonstrant. All dies ist begrüßenswert. Doch um politisch erfolgreich sein zu können, bedarf es der Sammlung, der Koordination und der Bündelung dieser Kräfte.« Das *Bündnis Bürgerwille* versteht sich »als überparteiliche Sammlungsbewegung« für alle Gegnerinnen und Gegner der Euro-Rettungspolitik.[144]

Ungefähr ein Dutzend Wirtschaftsprofessoren-Kollegen aus dem *Plenum der Ökonomen* zählten zu den Unterzeichnern des *Bündnis Bürgerwille*-Gründungsaufrufs, außerdem mittelständische Unternehmer und politische Vertreter von Mittelstands-Interessen wie der bereits erwähnte Frank Schäffler, Josef Schlarmann (CDU), der CDU-Bundestagsabgeordnete Klaus-Peter Willsch, der dem Vorstand des *Parlamentskreises Mittelstand* der Unionsfraktion angehörte, sowie Michael Moritz, ein Mitglied des Mittelstandsbeirats im Bundesministerium für Wirtschaft und Technologie. Prominenter Mitunterzeichner war Hans-Olaf Henkel, der ehemalige Präsident des *Bundesverbandes der Deutschen Industrie* (BDI). Zu weiteren Unterzeichnern zählten unter anderem der Präsident des *Bundes der Steuerzahler*, Karl Heinz Däke, und der ehemalige sächsische Ministerpräsident Georg Milbradt (CDU) sowie Burkhard Hirsch. Das *Aktionsbündnis Direkte Demokratie* war gleich mit mehreren führenden Mitgliedern unter den Unterzeichnerinnen und Unterzeichnern des Gründungsaufrufs vertreten, daneben mit Christoph Degenhart, einem Kuratoriumsmitglied von *Mehr Demokratie*. Auf der Liste findet sich schließlich auch die Unterschrift von Beatrix von Storch als Vertreterin der *Zivilen Koalition*.

Die Initiatorinnen und Initiatoren des *Bündnis Bürgerwille* schienen es offensichtlich für nötig zu erachten, sich von extremen Gruppierungen zu distanzieren: »Die Mitwirkung im Bündnis Bürgerwille«, heißt es im Grün-

---

[144] Aufruf an alle engagierten Bürgerinnen und Bürger! Deutschland, im Februar 2012, buendnis-buergerwille.de/fileadmin/user_upload_bbw/pdf/B%C3%BCndnis_B%C3%BCrgerwille.pdf, abgerufen am 15.8.2013.

dungsaufruf, »ist unvereinbar mit der Mitgliedschaft in einer rechtsradikalen, linksradikalen oder ausländerfeindlichen Partei«.[145]

Die *Zivile Koalition*
Die *Zivile Koalition* ist 2004 gegründet worden – unter maßgeblicher Beteiligung von Beatrix von Storch. Frau von Storch entfaltete ihre ersten politischen Aktivitäten 1996 als Mitgründerin der *Allianz für den Rechtsstaat*, die damals dagegen protestierte, dass die zwischen 1945 und 1949 in der DDR durchgesetzten Enteignungen von Großgrundbesitzern nicht wieder rückgängig gemacht wurden. Die *Zivile Koalition* streite zudem »unermüdlich für bürgerliche Reformen«, formulierte im April 2013 die *Junge Freiheit*: »Reduzierung der Staatsverschuldung, Vereinfachung des Steuerrechts, Bürokratieabbau, leistungsorientiertes Bildungssystem, bürgernahes Wahlsystem – und natürlich die Verteidigung von Souveränität und Geldwertstabilität gegen eine zwangsläufig im EU-Zentralstaat mündende Euro-Rettung.«[146] Kritiker verweisen auf die »marktfundamentalistischen und erzkonservativen« Positionen der *Zivilen Koalition* und sprechen von einer »deutschen Tea-Party-Bewegung«.[147]

Öffentlich bemerkbar macht sich die *Zivile Koalition* heute vor allem als Netzwerk verschiedener Initiativen, die sie von ihrem Sitz in Berlin aus betreibt; Berichten zufolge mit insgesamt 14 Angestellten.[148] Bedeutsam sind hierbei das *Institut für Strategische Studien Berlin* (ISSB), das von Beatrix' Ehemann Sven von Storch geleitet wird, sowie *Die Freie Welt*, eine »Internet- & Blogzeitung«. »*Deutschland befindet sich in einem Erneuerungsprozess*«, hieß es auf der Website: »Alte Strukturen und verkrustete Entscheidungsprozesse geben mangelhafte oder verzögerte Antworten und Lösungen auf politische, soziale, kulturelle und wirtschaftliche Fragen und Probleme der Bürger von heute.«

---

[145] Ebd.
[146] Michael Paulwitz: Mutter der Bewegung, in: Junge Freiheit 17/2013 vom 19.4.2013.
[147] Jens Berger: Bürgerkonvent 2.0 – die deutsche Tea-Party-Bewegung, 8.9.2011, www.nachdenkseiten.de/?p=10678, abgerufen am 24.8.2013.
[148] Constantin Magnis: Ihr Hauptberuf ist Protest, 12.6.2013, www.cicero.de/berliner-republik/afd-kandidatin-beatrix-von-storch-ihr-hauptberuf-ist-protest/54701?print, abgerufen am 24.8.2013.

4.2 Politische Netzwerke im AfD-Umfeld

Die Freie Welt wolle dazu beitragen, »den Erneuerungskräften und Bewegungen aus der Zivilgesellschaft den Weg zu öffnen«.[149] Dem Redaktionsbeirat gehören Karl Feldmeyer und Klaus Peter Krause an, die beide lange für die *Frankfurter Allgemeine Zeitung* schrieben und heute regelmäßig für die *Junge Freiheit* tätig sind. Mitglied im Redaktionsbeirat war auch Gérard Albert Bökenkamp, der 2005 für Aufsehen gesorgt hatte, weil er an Seminaren des neurechten *Institut für Staatspolitik* teilnahm; wenig später sah er sich gezwungen, seinen Austritt aus der CDU zu erklären.

Zur *Zivilen Koalition* gehört neben einer *Initiative Familien-Schutz*, die christlich-konservative »Lebensschutz«-Positionen und lesben- und schwulenfeindliche Ansichten vertritt, und einer *Initiative Bürgerrecht Direkte Demokratie* die *Initiative AbgeordnetenCheck*, deren Beirat neben Karl Feldmeyer und Klaus Peter Krause auch Konrad Adam angehört. Auf der Grundlage der marktradikal-rechtskonservativen Positionen der *Zivilen Koalition* übt sie »Druck auf Parlamentarier aus«, resümierte im Juni 2013 die Monatszeitschrift *Cicero*: »Allein seit 2011 gingen 1,7 Millionen E-Mails über die Plattform an den Bundestag.«[150]

Als die Bundestags-Abstimmung über den Europäischen Stabilitätsmechanismus (ESM) unmittelbar bevorstand, weiteten die Gegnerinnen und Gegner der Euro-Rettungspolitik ihre Bündnis-Aktivitäten noch um einen weiteren Schritt aus. Am 23. Mai 2012 riefen zehn Bundestagsabgeordnete, darunter Frank Schäffler und Klaus-Peter Willsch, eine *Allianz gegen den ESM* ins Leben. Dieser schlossen sich das ohnehin schon recht breite *Bündnis Bürgerwille*, der *Bund der Steuerzahler* und *Die Familienunternehmer – ASU* sowie die den letzteren verbundene Organisation *Die Jungen Unternehmer – BJU* an. Auf der Website der *Allianz gegen den ESM* wurden darüber hinaus zwei weitere Initiativen als »Partnerseiten« verlinkt: »Stop ESM« und »Holt unser Gold heim!«

Auf der Website von »Stop ESM«, für die der bayerische Landesverband des *Bundes der Steuerzahler* verantwortlich zeichnet, wurde ein *Youtube*-Mitschnitt einer Rede von Nigel Farage aufgeführt. Farage ist Vorsitzender der rechtspopulistischen *United Kingdom Independence Party* (UKIP). Zu den Initiatorinnen und Initiatoren der Initiative zählen neben Gerd Ha-

---

[149] Impressum, www.freiewelt.net/impressum/, abgerufen am 24.8.2013.
[150] Constantin Magnis: Ihr Hauptberuf ist Protest, 12.6.2013, www.cicero.de/berliner-republik/afd-kandidatin-beatrix-von-storch-ihr-hauptberuf-ist-protest/54701?print, abgerufen am 24.8.2013.

bermann, dem Initiator der *Friedrich-August-von-Hayek-Gesellschaft*, auch Frank Schäffler, Hans-Olaf Henkel, Beatrix von Storch und André F. Lichtschlag. Lichtschlag ist Gründer der marktradikalen Zeitschrift *eigentümlich frei*.[151] Weitere Initiatoren sind Oliver Janich, Ex-Vorsitzender der *Partei der Vernunft*, und der Politik-Redakteur der *Preußischen Allgemeinen Zeitung*, Hans Heckel.

Die »Erstunterzeichner«-Liste der Initiative »Holt unser Gold heim!« ist weitgehend identisch mit der Liste der Initiatorinnen und Initiatoren von »Stop ESM«. Beide Initiativen wurden außerdem von zwei Personen unterstützt, die schon in den 1990er Jahren gegen den Euro mobilisierten: Bruno Bandulet und Wilhelm Hankel. Beide sind wiederkehrend als Autoren der neurechten Wochenzeitung *Junge Freiheit* in Erscheinung getreten. Bandulet war in den 1990er Jahren unmittelbar für den *Bund Freier Bürger* aktiv.[152]

Bandulet, Herausgeber des Informationsdienstes *Gold and Money Intelligence*, publiziert in den Zeitschriften *Junge Freiheit* und *eigentümlich frei*. Starbatty, ebenfalls als Autor in der *Jungen Freiheit* vertreten, kandidierte auf Platz eins der Berliner AfD-Landesliste für den Bundestag sowie 2014 für das Europaparlament. Schachtschneider – gleichfalls ein Autor der *Jungen Freiheit* – ist bei *pro NRW* und der FPÖ aufgetreten und hat sich im September 2005 sogar der NPD zur Verfügung gestellt – als deren »Experte« für einen Auftritt im Sächsischen Landtag.

Die *Wahlalternative 2013*
In der weiteren Entwicklung dieser Anti-Euro-Initiativen lassen sich Zusammenschlüsse von den beschriebenen Gegnerinnen und Gegnern der Euro-Rettungspolitik aus Wirtschaftswissenschaft und Mittelstand mit den Euro-Gegnern der ersten Stunde erkennen. Im September 2012 gründeten Bernd Lucke und der CDU-Mittelständler Gerd Robanus gemeinsam mit dem langjährigen CDU-Politiker Alexander Gauland und dem Journalisten Konrad Adam die *Wahlalternative 2013*. Hierbei spielte der prominente Publizist Hans-Olaf Henkel auch eine bedeutende Rolle. Von 1995 bis 2000 wirkte er als Präsident des *Bundesverbandes der Deutschen Industrie* (BDI), von 2001 bis 2005 als Präsident der einflussreichen *Wissenschaftsgemeinschaft Gottfried Wilhelm Leibniz*, in der mehr als 80 deutsche Forschungseinrichtungen zusammengeschlossen sind. Henkel, der früher die

---
[151] Näher hierzu siehe Kapitel 5.3.
[152] Zum BFB siehe Kapitel 1.4.

4.2 Politische Netzwerke im AfD-Umfeld

FDP unterstützte, bekannte nach den Wahlen zum Berliner Abgeordnetenhaus im September 2011: »Ich habe die Partei zum ersten Mal seit langer Zeit nicht gewählt« und warnte: »Die FDP muss damit rechnen, dass einer ganzen Gruppe von Leuten der Kragen platzt und diese Leute eine neue Partei gründen.« Diese könne zwar »verdammt große Ähnlichkeit mit der FDP haben«, werde aber in der Außenpolitik und der Euro-Rettung »eine grundsätzlich andere Haltung annehmen«.[153]

Ein dazu passendes Konzept erläuterte er Ende 2011 im *Handelsblatt*. In den »etablierten Parteien« sei mit einem Erfolg für die Gegnerinnen und Gegner der Euro-Rettungspolitik nicht zu rechnen, hielt er dort fest: »Frank Schäffler hat das in einer sehr mutigen und anerkennenswerten Art und Weise innerhalb seiner FDP versucht. Ergebnis bekannt.« Nun könne man selbstverständlich »eine neue Partei gründen«. »Einerseits hängt eine neue liberale Partei, die Europa-freundlich, aber Euro-kritisch ist, wie eine reife Frucht am Ast. Man muss nur gegen den Stamm treten, dann fällt sie herunter.« Andererseits aber sei »der bürokratische Akt nicht nur sehr aufwändig«; man könne auch »kaum sicherstellen, nur solche Mitstreiter zu bekommen, die die gleichen liberalen Werte und Ziele teilen«. Daraus leitete Henkel die Empfehlung ab: »Auf der Suche nach einer neuen Heimat für die Liberalen sollte man sich deshalb mal mit den ›Freien Wählern‹ beschäftigen.«[154] Er kündigte dementsprechend seinen politischen Einsatz bei den Freien Wählern an. Henkels Empfehlungen finden sich wieder im Konzept der *Wahlalternative 2013*: Man werde auf den Wahlparteitagen der Freien Wähler kandidieren, kündigte Lucke an; diese müssten dann »entscheiden, von welchem Kandidaten sie sich am ehesten vertreten fühlen«.[155]

Inhaltlich schloss die *Wahlalternative 2013* an die Vorarbeiten vom *Plenum der Ökonomen* bis zum *Bündnis Bürgerwille* an. Im Gründungsaufruf wird gefordert: »Deutschland wird im Einklang mit dem Maastricht-Vertrag nicht mehr für die Schulden fremder Staaten eintreten. (…) Das einheitliche Euro-Währungsgebiet wird aufgegeben. Es steht allen Staaten

---
[153] »Ich habe erstmals seit langem nicht FDP gewählt«, 19.9.2011, www.tagesschau.de/inland/interviewhenkel100.html, abgerufen am 30.8.2013.
[154] Hans-Olaf Henkel: Eine neue Heimat für die Liberalen, 19.12.2011, unter www.handelsblatt.com/meinung/kolumnen/kurz-und-schmerzhaft/henkel-trocken-eine-neue-heimat-fuer-die-liberalen-seite-all/5974142-all.html, abgerufen am 15.8.2013.
[155] Günther Lachmann: Enttäuschte CDU-Politiker gründen Wahlalternative, 4.10.2013, www.welt.de/politik/deutschland/article109606449/Enttaeuschte-CDU-Politiker-gruenden-Wahlalternative.html, abgerufen am 15.8.2013.

frei, aus dem Euro auszuscheiden, sich in geeigneteren Währungsverbünden (Nord- und Südeuro) zusammenzuschließen oder Parallelwährungen einzuführen.«[156]

Der Bürgerrechts-Flügel der FDP, der noch im *Bündnis Bürgerwille* vertreten war, fehlte nun als Unterstützer dieses Gründungsaufrufs. Verblieben waren hingegen Vertreter des *Aktionsbündnisses Direkte Demokratie*, in dessen »Stuttgarter Manifest« die Ansicht vertreten wurde, »nur innerhalb eines Sprach- und Kulturkreises« sei eine »echte Demokratie möglich«.[157] Zu den weiteren Unterstützern dieses Aufrufs zählten Bruno Bandulet, Joachim Starbatty und Karl Albrecht Schachtschneider aus den Reihen des verblichenen *Bund Freier Bürger* (BFB), Beatrix von Storch von der *Zivilen Koalition*, wie auch Hermann von Laer aus Vechta. Von Laer hatte im August 2010 unter dem Titel »Euro-Dämmerung« einen Beitrag in der neurechten Zeitschrift *Sezession* publiziert.

Weiterer Unterstützer des Aufrufs ist Alexander Gauland, der in der Hessischen Staatskanzlei Staatssekretär unter Ministerpräsident Walter Wallmann gewesen ist. Für Diskussion sorgte er, als er 1988 dem CDU-Politiker Wolfgang Egerter einen Leitungsposten in der Staatskanzlei verschaffte. Egerter hatte zuvor dem *Witiko-Bund* angehört, einer völkisch-revanchistischen Organisation innerhalb der Sudetendeutschen Landsmannschaft. Gauland hatte vor der Gründung der Wahlalternative 2013 öffentlich mit einem Beitrag im Berliner *Tagesspiegel* für Diskussion gesorgt: »Die Deutschen haben ein gestörtes Verhältnis zur militärischen Gewalt«, hatte er geschrieben. »Sie betrachten sie nicht als die Fortsetzung der Politik mit anderen Mitteln im Sinne von Clausewitz, sondern als das schlechthin Böse und Falsche«. Anstatt »immer von Neuem die pazifistische Melodie zu singen, wäre es klug, eine politische zu intonieren, weil eben militärische Gewalt« so folgerte er dort, »nicht an sich schlecht, sondern nur als falsche Politik schlecht ist«.[158]

Ebenfalls als Unterstützer der *Wahlalternative 2013* trat Konrad Adam auf. Der Publizist arbeitete bei der *Frankfurter Allgemeinen Zeitung* sowie

---

[156] Gründungsaufruf Wahlalternative 2013, www.wa2013.de/index.php?id=208, abgerufen am 15.8.2013.
[157] Das Stuttgarter Manifest vom 12. Juli 2011, eurodemostuttgart.wordpress.com/2011/07/12/das-stuttgarter-manifest/, abgerufen am 15.8.2013.
[158] Alexander Gauland: Warum sich die Deutschen mit Gewalt so schwer tun, 23.7.2012, www.tagesspiegel.de/meinung/diffuser-pazifismus-militaerische-gewalt-ist-nicht-an-sich-schlecht/6907386-2.htm, abgerufen am 15.8.2013.

4.2 Politische Netzwerke im AfD-Umfeld

als politischer Chefkorrespondent der Tageszeitung *Die Welt* in Berlin. Für Diskussion sorgte Adam bereits im Oktober 2006. Damals äußerte er sich in der *Welt* zu Vorschlägen, das allgemeine und gleiche Wahlrecht abzuschaffen: »Neulich hat ein Gastautor auf diesen Seiten den Vorschlag gemacht, den von ihm sogenannten Nettostaatsprofiteuren das Wahlrecht zu entziehen. In diese Kategorie gehören nach seiner Definition nicht nur die Beamten, die im Staat ihren Arbeitgeber sehen, und nicht nur alle diejenigen, die weniger für die Politik als von der Politik leben, die Mehrzahl der Berufspolitiker also, sondern auch und vor allem die Masse der Arbeitslosen und der Rentner.«

Diese »Anregung, den Inaktiven und Versorgungsempfängern das Wahlrecht abzuerkennen«, klinge »provokativer, als sie tatsächlich ist«. »In der Theorie der europäischen Verfassungsbewegung« habe es einst »als eine selbstverständliche Voraussetzung für die Gewährung des Wahlrechts« gegolten, »sich selbst und den Seinen den Lebensunterhalt zu verdienen«. Erst »mit dem Aufkommen der industriellen Revolution und seiner hässlichsten Folge, der Massenarbeitslosigkeit«, sei »die Fähigkeit, aus eigenem Vermögen für sich und die Seinen zu sorgen, als Voraussetzung für das Wahlrecht entfallen.« »Ob das ein Fortschritt war«, schrieb Adam, könne man »mit Blick auf die Schwierigkeiten«, unter denen Deutschland heute leide, »mit einigem Recht bezweifeln«. »Das Übergewicht der Passiven lähmt auf die Dauer auch die Aktiven und zerstört den Willen zur Zukunft«, erklärte er hierzu. Und weiter hieß es dort: »Der Anspruch, hier und heute gut zu leben, untergräbt den Willen zur Zukunft und zwingt die Politik, dem aktiven, aber schrumpfenden Teil der Bevölkerung zugunsten eines beständig wachsenden, aber unproduktiven Teils immer größere Opfer abzuverlangen. Auf diesem Weg ist Deutschland ziemlich weit vorangekommen.«[159]

Ein weiterer Unterzeichner der *Wahlalternative 2013*, Roland Vaubel, Professor für Wirtschaftswissenschaften an der Universität Mannheim, hat im Jahr 2007 Vorschläge zum »Schutz der Leistungseliten in der Demokratie« veröffentlicht. Man könne, schrieb er, die »Leistungseliten« beispielsweise »dadurch schützen, dass man ein Zwei-Kammer-System einführt und diejenigen, die die Hauptlast der (direkten) Besteuerung tragen, eine der beiden Kammern wählen lässt«. Oder man errichte »ein System, in dem beide Kammern von allen Bürgern gewählt werden, aber mit unterschied-

---

[159] Konrad Adam: Wer soll wählen? 16.10.2006, www.welt.de/print-welt/article159946/Wer-soll-waehlen.html, abgerufen am 15.8.2013.

lichen Gewichten«.[160] Ein allgemeines und gleiches Wahlrecht schließen beide Vorschläge aus.

Bei der niedersächsischen Landtagswahl am 20. Januar 2013 trat die *Wahlalternative 2013* gemeinsam mit den *Freien Wählern* an. In ihrer »Niedersachsenstrategie« rechnete die *Wahlalternative 2013* sich in dem Bundesland gute Chancen aus. Da die *Freien Wähler*, mit denen man kooperiere, »landespolitisch nicht profiliert« seien, müsse ein »Alleinstellungsmerkmal« her. Ein solches könnten sich die *Freien Wähler* aneignen, »indem sie die Euro-Rettungspolitik zum Schwerpunktthema machen«. Eine genaue Analyse ergebe »ein beträchtliches Wählerpotential für die Freien Wähler, wenn sie genügend Aufmerksamkeit auf sich und ihr Anliegen ziehen könnten«. Allerdings müsse man für diese Aufmerksamkeit sorgen. Die »Gründer und Hauptzeichner« der *Wahlalternative 2013* hätten sich daher »bereit erklärt, fast flächendeckend Informationsveranstaltungen zur Euro-Rettungspolitik anzubieten«.[161] Das Wahlergebnis entsprach den Erwartungen nicht. Die *Freien Wähler* und die *Wahlalternative 2013* konnten lediglich 1,1% der Stimmen auf sich vereinigen. »Die Freien Wähler haben leider enorme strukturelle Probleme«, erklärte Bernd Lucke: »Es läuft darauf hinaus, dass sie außerhalb Bayerns schlicht nicht wahlkampffähig sind.« Das heiße »im Umkehrschluss, dass die Freien Wähler bei der Bundestagswahl völlig bedeutungslos sein werden.«[162] Die *Wahlalternative 2013* löste sich daher von ihnen.

4.3 Politische Positionierungen der AfD

In den *Blättern für deutsche und internationale Politik* beschrieb der Publizist Albrecht von Lucke die AfD als »in weiten Teilen genau jene Partei rechts der Union«, welche »schon Franz Josef Strauß immer gefürchtet hatte.«[163]

---

[160] Roland Vaubel: Der Schutz der Leistungseliten in der Demokratie, 1.2.2007, wirtschaftlichefreiheit.de/wordpress/?p=17, abgerufen am 15.8.2013.

[161] Unsere Niedersachsenstrategie, 19.10.2012, unter www.facebook.com/Wahlalternative2013/posts/513694835324711, abgerufen am 15.8.2013.

[162] Neue Anti-Euro-Partei: Merkel hat Lage nicht mehr unter Kontrolle, 2.3.2013, deutsche-wirtschafts-nachrichten.de/2013/03/02/neue-anti-euro-partei-merkel-hat-lage-nicht-mehr-unter-kontrolle/comment-page-9/, abgerufen am 20.8.2013.

[163] Lucke, Albrecht von: Heilsame Verwirrung? Der Euro, die Linke und die AfD, in: Blätter für deutsche und internationale Politik 6/2013, S. 5-8.

4.3 Politische Positionierungen der AfD

Als eine solche Partei rechts von der Union weist die AfD unserer Ansicht nach eine durch viele Aussagen aus deren Parteimilieu belegbare Tendenz zu einer rechtspopulistischen Ausrichtung auf. Der inhaltliche Kern ihrer politischen Weltanschauung besteht in einem sowohl neoliberal wie auch nationalkonservativ grundierten Euro- und Europaskeptizismus, der mit wohlstandschauvinistischen Forderungen argumentativ unterfüttert wird. Allerdings lassen sich die Positionierungen der Partei nur eingeschränkt aus ihren programmatischen Veröffentlichungen ablesen, da die Partei bislang noch über kein ausgereiftes Parteiprogramm verfügt. Zudem wird immer offensichtlicher, dass es in wirtschaftlichen Themen wie beispielsweise zum Thema Freihandelsabkommen (TTIP) sowie zur Frage der parteipolitischen Unterstützung von vorurteilsbeladenen muslimfeindlichen Protesten wie im Oktober 2014 in Köln[164] oder im November 2014 in Dresden[165] innerparteilichen Streit gibt.

Programmatisch[166] liegt ein Kernpunkt der wirtschaftspolitischen Forderungen in der Veränderung der aktuellen Währungspolitik. Die AfD fordert eine »geordnete Auflösung des Euro-Währungsgebietes« sowie »die Wiedereinführung nationaler Währungen oder die Schaffung kleinerer und stabilerer Währungsverbünde«. Dies soll dadurch vollzogen werden, »dass Deutschland dieses Austrittsrecht aus dem Euro erzwingt, indem es weitere Hilfskredite des ESM mit seinem Veto blockiert«. Beim Thema Staatsfinanzen und Steuern wird ein Schuldenabbau gefordert und das »Kirchhof'sche Steuermodell« empfohlen. Nach diesem Modell soll anstelle des bislang üblichen progressiven Verlaufs der Einkommensteuer ein Grenzstufentarif von 15, 20 und 25 % für alle Einkommensgruppen eingeführt werden. Dies wäre eine Veränderung zugunsten reicher Bevölkerungsschichten.

Mit dem ehemaligen BDI-Vorsitzenden Hans-Olaf Henkel hat die AfD einen Kandidaten auf ihren zweiten Listenplatz bei der Europawahl 2014 ge-

---

[164] Streit-Parteitag der Hamburger AfD, AfD-Mann nennt Hooligan-Proteste »friedliche Demonstration«, in: Focus online vom 8.11.2014, www.focus.de/politik/deutschland/streit-parteitag-der-hamburger-afd-afd-mann-nennt-hooligan-proteste-friedliche-demonstration_id_4260045.html, abgerufen am 19.11.2014.

[165] Lachmann, Günther: AfD-Führung zerstreitet sich wegen Pegida-Bewegung, in: Die Welt online vom 6.12.2014, www.welt.de/politik/deutschland/article135092832/AfD-Fuehrung-zerstreitet-sich-wegen-Pegida-Bewegung.html, abgerufen am 7.12.2014.

[166] Siehe AfD-Wahlprogramm, www.alternativefuer.de/partei/wahlprogramm/, abgerufen am 5.1.2014.

setzt, der für eine marktradikale Wirtschaftspolitik in Europa eintritt. In seiner schriftlichen Bewerbung als Kandidat zur Europawahl heißt es: »Seit Mai 2010, seit der Vertrag von Maastricht endgültig gebrochen und damit die Brandmauer zwischen den deutschen Steuerzahlern und ausgabefreudigen Politikern im Ausland niedergerissen wurde, erschreckt mich der mit zahlreichen Rettungspaketen verbundene Trend zu Zentralismus, Gleichmacherei und Vergemeinschaftung der Schulden in Europa.«[167]

In einem Anfang Dezember 2014 formulierten Brief an die AfD-Mitglieder benennt Henkel unter anderem »den fatalen Linksrutsch der CDU/CSU« sowie das »von der Großen Koalition« zu verantwortende, ausgeschüttete soziale Füllhorn zu Lasten unserer Kinder« als zentrale Themen für die politische Auseinandersetzung.[168]

Im *Handelsblatt* fordert Bernd Lucke, die CDU-Parole »Freiheit statt Sozialismus« aus dem Jahr 1976 aufzugreifen, da die »schleichende Sozialdemokratisierung der Union und die marktwirtschaftliche Entkernung der FDP« zur Abkehr von dieser, vom Autor für richtig befundenen Forderung geführt habe. Dies wolle die AfD nun unter neuen Vorzeichen aufgreifen: »Die AfD wird in diesen Wahlen dafür werben, dass Subsidiarität, Wettbewerb und soziale Marktwirtschaft wieder ernst genommen werden. 2014 steht im Zeichen von Freiheit statt Zentralismus.«[169]

Die gewerkschaftliche Forderung nach der Einrichtung eines Mindestlohnes lehnt die AfD in ihrem Europawahlprogramm ab – unter anderem deshalb, weil »viele Menschen in prekären Arbeitsmarktsituationen nur wenige Stunden Arbeit haben. Zudem sind diese Arbeitsplätze gerade durch den Mindestlohn gefährdet«. Stattdessen sieht die AfD den Staat in der Verantwortung: »In der sozialen Marktwirtschaft sollte der Staat die soziale Unterstützung in Form von Einkommensbeihilfen bereitstellen. Dies hat seit 1949 gut funktioniert. Der Staat sollte sich jetzt nicht darum drücken.« Mehr Abstinenz empfiehlt die AfD dem Staat bei einer anderen Frage: »Weitgehend ausreichend« seien die derzeitigen gesetzlichen Re-

---

[167] Henkel, Hans-Olaf, www.alternativefuer.de/unsere-kandidaten-fuer-europa/, abgerufen am 4.1.2014.

[168] Hans-Olaf Henkel: Brief an die Mitglieder vom 8.12.2014, www.facebook.com/AlternativeFuerDuesseldorf?hc_location=timeline, abgerufen am 9.12.2014.

[169] Lucke, Bernd: Warnung vor einem zentralistischen Überstaat, in: Handelsblatt vom 25.1.2014, www.handelsblatt.com/meinung/kolumnen/apo/ausserparlamentarische-opposition-warnung-vor-dem-zentralistischen-ueberstaat/9323674.html, abgerufen am 12.2.2014.

4.3 Politische Positionierungen der AfD

gelungen, die den Missbrauch von Leih- und Werkverträgen zulasten der Arbeitnehmer unterbinden sollen.[170]

Schon in dem von AfD-Sprecher Bernd Lucke mit initiierten »Hamburger Appell« aus dem Jahr 2005 wurde die auf Ungleichheit und Konkurrenz basierende Grundphilosophie der AfD erkennbar: Dieser Appell richtete sich dezidiert gegen Lohnerhöhungen. So hieß es dort: »Wer behauptet, Deutschland könne und müsse ein Hochlohnland bleiben, handelt unredlich oder ignorant.«[171]

Ein ausgefeiltes sozialpolitisches Profil ist im Wahlprogramm nicht zu finden. Forderungen zu diesem Bereich beschränken sich »auf den Schutz der Familie als Keimzelle der Gesellschaft«. Passend zur AfD-Forderung nach Reduktion staatlicher sozialer Unterstützungsleistungen wird die Familie als Keimzelle zur Unterstützung füreinander begriffen: »Eine solidarische Förderung der Familien ist eine Investition in unsere gemeinsame Zukunft und wesentlicher Teil des Generationenvertrages.«

In dem durch Mitgliederbefragung ausgestalteten AfD-Programmentwurf zur Europawahl[172] heißt es u.a.: »Aufgrund historischer, kultureller, mentaler und vor allem ökonomischer Unterschiede zählt die Arbeits- und Sozialpolitik zu den nationalen Aufgaben der Mitgliedstaaten.« Darin sprachen sich zudem 97% der Mitglieder gegen eine von der Europäischen Kommission gestartete Initiative zur »Ertüchtigung der sozialen Dimension der Wirtschafts- und Währungsunion« und gegen eine europäische Arbeitslosenversicherung aus: »Konkret hätte eine Europäische Arbeitslosenversicherung zur Konsequenz, dass französische oder italienische Arbeitslose auch aus deutschen Sozialversicherungsbeiträgen finanziert werden würden. Die AfD lehnt eine Europäische Sozialunion deshalb mit Nachdruck ab!«

Als zentrale Forderung wird im Wahlprogramm der AfD die Forderung nach einer »direkten Demokratie« erhoben. Zu deren Umsetzung werden Volksentscheide gefordert: »Wir wollen Volksabstimmungen und Initiativen nach Schweizer Vorbild einführen. Das gilt insbesondere für die Abtretung wichtiger Befugnisse an die EU.« Die Bezugnahme auf Volksentscheide in der Schweiz ist vor dem Hintergrund zu betrachten, dass in der Schweiz

---

[170] www.alternativefuer.de/wp-content/uploads/2014/03/Europaprogramm-der-AfD.pdf.
[171] www.wiso.uni-hamburg.de/fileadmin/wiso_vwl_iwk/paper/appell.pdf.
[172] www.alternativefuer.de/2014/03/05/mitgliederbefragung-unterstreicht-basisdemokratisches-profil-der-afd/, abgerufen am 12.3.2014.

besonders die rechtspopulistische *Schweizerische Volkspartei* durch Volksinitiativen mit ausgrenzendem und diskriminierendem Charakter internationale Aufmerksamkeit erzielt hat. Dies gilt in besonderem Maße für die Volksinitiative gegen Minarettbau sowie die Volksinitiative gegen »Massenzuwanderung«. Zur letztgenannten Initiative kam aus den Reihen der AfD deutlicher Zuspruch. Des Weiteren wird im Bundestagswahlprogramm gefordert, »dass auch unkonventionelle Meinungen im öffentlichen Diskurs ergebnisoffen diskutiert werden, solange die Meinungen nicht gegen die Werte des Grundgesetzes verstoßen«. Diese Formulierung ist äußerst unklar formuliert und ihr Inhalt erschließt sich eigentlich erst im Kontext anderer Verlautbarungen der AfD über eine in Deutschland angeblich vorherrschende »politische Korrektheit«, welche andere Meinungen unterdrücke. Diese Behauptungen sind von AfD-Politikern wiederholt geäußert worden.

Zum Thema Arbeitslosigkeit heißt es im Europaprogramm der AfD: »Die AfD lehnt eine europäische Sozialunion und eine europäische Arbeitslosenversicherung (...) mit Nachdruck ab.« Und weiter: »Vorrangig ist die Lösung dieses Problems [der Jugendarbeitslosigkeit] eine nationale Aufgabe der Krisenstaaten, da die Ursachen oft in unzureichenden Reformen der dortigen verkrusteten Arbeitsmärkte liegen.«[173]

AfD-Sprecher Konrad Adam hatte, wie bereits erwähnt, schon im Jahr 2006 in einem Beitrag in der Tageszeitung *Die Welt* gar indirekt das Wahlrecht von Arbeitslosen in Zweifel gezogen: »Die Fähigkeit, sich selbst und den Seinen den Lebensunterhalt zu verdienen, galt in der Theorie der europäischen Verfassungsbewegung als eine selbstverständliche Voraussetzung für die Gewährung des Wahlrechts. Nicht ›Freiheit, Gleichheit, Brüderlichkeit‹ hieß die Parole in den Verfassungstexten, die während der französischen Revolution in kurzem Abstand aufeinanderfolgten, sondern ›Freiheit, Gleichheit, Eigentum und Sicherheit‹. Der Grund ist klar: Nur der Besitz schien eine Garantie dafür zu bieten, dass man vom Wahlrecht verantwortlich Gebrauch machte. Erst später, mit dem Aufkommen der industriellen Revolution und seiner hässlichsten Folge, der Massenarbeitslosigkeit, ist die Fähigkeit, aus eigenem Vermögen für sich und die Seinen zu sorgen, als Voraussetzung für das Wahlrecht entfallen. Ob das ein Fortschritt war, kann man mit Blick auf die Schwierigkeiten, die der deutschen

---

[173] www.alternativefuer.de/wp-content/uploads/2014/03/Europaprogramm-der-AfD.pdf.

4.3 Politische Positionierungen der AfD

Politik aus ihrer Unfähigkeit erwachsen sind, sich aus der Fixierung auf unproduktive Haushaltstitel wie Rente, Pflege, Schuldendienst und Arbeitslosigkeit zu befreien, mit einigem Recht bezweifeln. Das Übergewicht der Passiven lähmt auf die Dauer auch die Aktiven und zerstört den Willen zur Zukunft, indem es die Kräfte des Landes zur Finanzierung von Vergangenheiten einspannt und verbraucht.«[174]

Eine Mitgliedschaft der Türkei in der EU lehnt die AfD ab. Vor allen Schritten über eine enge Zusammenarbeit der EU mit anderen Staaten verlangt die Partei eine Volksabstimmung in der Bundesrepublik: »Europa hat geografische, kulturelle und historische Grenzen, die von der EU nicht missachtet werden dürfen. Aus diesen Gründen lehnt die AfD die Aufnahme der Türkei in die europäische Union ab. Die Aufnahmeverhandlungen mit der Türkei sind zu beenden. Nichteuropäische Länder können im Rahmen von Assoziierungsabkommen an der europäischen Nachbarschaftspolitik partizipieren. Voraussetzung ist jeweils eine Volksabstimmung in Deutschland.«

Nützlichkeitserwägungen prägen die Aussagen zur Zuwanderungspolitik. Zugleich wird das Szenario einer »Erosion des Sozialstaates« entwickelt. Allgemein heißt es: »Die AfD tritt für ein offenes und ausländerfreundliches Deutschland ein und bejaht sowohl die Niederlassungsfreiheit als auch die Arbeitnehmerfreizügigkeit. Unsere demographische Entwicklung erfordert eine qualifizierte Zuwanderung, durch welche die Versorgung einer alternden Bevölkerung ebenso sichergestellt werden kann wie der Bedarf der Wirtschaft an hochqualifizierten Arbeitskräften. Die Einkommen, die Sozialleistungen und die Lebensstandards unterscheiden sich innerhalb der EU stark. Das Wohlstandsgefälle zu Deutschland ist teilweise erheblich. Der verfrühte Beitritt Rumäniens und Bulgariens, in denen heute pro Einwohner nur knapp halb so viel Bruttoinlandsprodukt erzielt wird wie im Rest der EU, führt zu verstärkter Migration auf Basis der EU-Freizügigkeitsrichtlinie. Das deutsche Sozialstaatsprinzip steht daher in einem Spannungsfeld mit dem Recht der Migranten auf freie Wohnsitzwahl als Arbeitnehmer, dem Prinzip der Nichtdiskriminierung sowie der sozialen Inklusion für alle Bürger. Langfristig drohen eine Überforderung der Sozialbudgets und die Erosion des Sozialstaates.«

Im anschließenden Forderungskatalog finden sich freilich Aussagen, die an rechtspopulistische Argumentationen anknüpfen können:

---
[174] Adam, Konrad: Wer soll wählen? In: Die Welt vom 16.10.2006.

»– Leistungslose Einkommen dürfen weder Anreize zu verstärkter Zuwanderung setzen noch die Suche nach bezahlter Arbeit unattraktiv machen.
– Die Niederlassungsfreiheit darf nicht durch Scheinselbstständigkeiten dazu missbraucht werden, Anrechte auf Sozialleistungen zu erlangen.
– Ausländische EU-Bürger, die wegen einer Straftat rechtskräftig verurteilt wurden, sind konsequent abzuschieben. Bestandskräftige Abschiebebescheide müssen zeitnah vollzogen werden. Die Wiedereinreise ausgewiesener Ausländer ist durch geeignete Maßnahmen wie etwa die Erhebung biometrischer Daten zu unterbinden.
– Eine Einwanderung in deutsche Sozialsysteme lehnt die AfD strikt ab. Sozialleistungen für Zuwanderer sind ohne jede Einflussnahme der EU ausschließlich nach deutscher Gesetzgebung zu gewähren. Leistungen wie ALG II (Arbeitslosengeld), Kinder- und Wohngeld sollen nur solche Zuwanderer erhalten, die in erheblichem Umfang Steuern bzw. Sozialversicherungsbeiträge in Deutschland gezahlt haben oder deren Eltern das getan haben. Wenn Zuwanderer in Deutschland keine ausreichenden Mittel aus Erwerbseinkommen, Vermögen, Unterhalt oder Sozialleistungen zur Verfügung haben, müssen sie in ihre Heimat zurückkehren.«

Zum Thema Zuwanderung bezieht sich die AfD in ihrem Wahlprogramm auf das »Kanadische Modell«[175] in Bezug auf die Regelung der Zuwanderung. Zugleich wird gefordert: »Deutschland braucht qualifizierte und integrationswillige Zuwanderung.« Hierbei wird die wirtschaftliche Nützlichkeit in den Vordergrund gestellt: »Eine ungeordnete Zuwanderung in unsere Sozialsysteme muss unbedingt unterbunden werden.« Diese Forderung geht einher mit abqualifizierenden Äußerungen von AfD-Sprecher Bernd Lucke: Im Kontext der Debatte um die Zuwanderung von Menschen aus Rumänien und Bulgarien erklärte er, es gebe Menschen, die ohne Deutsch zu können und ohne Bildung ins Land kämen. Doch wegen ihrer schlechten Voraussetzungen könnten diese Menschen nicht zurechtkommen. Für sie bliebe nur ein Leben in Hartz IV. »Dann bilden sie eine Art sozialen Bodensatz – einen Bodensatz, der lebenslang in unseren Sozialsystemen verharrt.«[176] In einer weiteren Stellungnahme zur Zuwanderung aus Rumänien und Bul-

---
[175] Vgl. www.bpb.de/apuz/31674/einwanderungsland-kanada-ein-vorbild-fuer-deutschland?p=all, abgerufen am 12.8.2013.
[176] Schneider, Jens: AfD-Chef warnt vor »sozialem Bodensatz«, in: Süddeutsche Zeitung vom 13.9.2013.

4.3 Politische Positionierungen der AfD

garien wird Lucke mit der Äußerung zitiert: »Das Problem sind eher Randgruppen wie Sinti und Roma, die leider in großer Zahl kommen und nicht gut integrationsfähig sind«.[177]

In anderen politischen Stellungnahmen der AfD zum Thema Zuwanderung wurde angesichts der Volksinitiative gegen »Masseneinwanderung« in der Schweiz gefordert, ähnliche Volksabstimmungen in Deutschland durchzuführen: »Unabhängig vom Inhalt des Schweizer Referendums ist auch in Deutschland ein Zuwanderungsrecht zu schaffen, das auf Qualifikation und Integrationsfähigkeit der Zuwanderer abstellt und eine Einwanderung in unsere Sozialsysteme wirksam unterbindet«, erklärte Lucke. »Auch dafür sollten gegebenenfalls Volksabstimmungen ermöglicht werden, wenn die Altparteien das Problem weiter ignorieren«,[178] ergänzte er.

Familien- und geschlechterpolitische Vorstellungen innerhalb der AfD sind in starkem Maße geprägt vom Einfluss des konservativen und christlich-fundamentalistischen Flügel auf die Gesamtpartei: So berichtet die FAZ von der AfD-Parteigruppierung »Christen in der Alternative für Deutschland«. In einer von dieser Gruppierung verbreiteten »Grundsatzerklärung« fänden sich »neben Positionen wie Abtreibungsverbot, Verbot von Sterbehilfe (mit dem medizinischen Fachbegriff ›Euthanasie‹ betitelt), Ablehnung einer EU-Mitgliedschaft der Türkei, dem ›Schutz der christlichen Familie und der Ablehnung der Gleichsetzung mit gleichgeschlechtlichen Lebenspartnerschaften‹ auch die Forderung nach dem ›Vorrang der Erziehung im Elternhaus gegenüber staatlich organisierter Erziehung‹«.[179]

---

[177] Euro-Rebell Lucke klagt Brüssel an: EU ruiniert deutschen Sozialstaat, in: Focus vom 12.1.2014, www.focus.de/politik/deutschland/landesparteitag-afd-hessen-vorsitzender-lucke-gegen-hartz-iv-arbeitslose-einwanderer-bruessel-ruiniert-deutschland-sozialstaat-2_id_3532695.html, abgerufen am 20.2.2014.

[178] Reaktionen auf Volksabstimmung zur Einwanderung, www.rp-online.de/politik/ausland/schweiz-volksabstimmung-gegen-masseneinwanderung-aid-1.4024114, abgerufen am 12.3.2014.

[179] Ankenbrand, Hendrik: Gegen Rechte von Schwulen und Muslimen, Christliche Alternative für Deutschland, in: Frankfurter Allgemeine Zeitung vom 10.3.2014.

5. Rechte Erscheinungsformen in den AfD-Landesverbänden

Die Gründung der 16 AfD-Landesverbände vollzog sich in hohem Tempo. Sie verlief bei den einzelnen Landesverbänden durchaus unterschiedlich. In manchen – etwa in Nordrhein-Westfalen – gelang zunächst ein recht geregelter Aufbau, in anderen – etwa in Berlin oder in Bayern – kam es rasch zu heftigem Streit.

Die bevorstehende Bundestagswahl 2013 sorgte zunächst für eine gewisse Disziplinierung in den parteiinternen Auseinandersetzungen. Doch nach der Wahl vom 22. September 2013 entwickelten sich neue Konflikte, die das Bild der Partei in der Öffentlichkeit ganz wesentlich prägten. Konrad Adam, einer der drei Bundessprecher der AfD, bezeichnete die Auseinandersetzungen seinerzeit als »Kinderkrankheiten« und äußerte die Hoffnung: »Wenn man die Kinderkrankheiten überwunden hat, ist die Partei immunisiert, darauf setze ich.«[180] Dabei ging es um mehr als nur um persönliche Unverträglichkeiten handelnder Personen oder Zwistigkeiten über die Frage, wie der Aufbau der Partei organisatorisch und finanziell zu gestalten sei – auch erhebliche politische Divergenzen bestimmten die Diskussion in mehreren Landesverbänden. Die Parteispitze bemühte sich, Personen, die persönlich oder politisch als Belastung für den Parteiaufbau gelten konnten, zu bremsen und umgekehrt Mitglieder zu fördern, mit denen ein Parteiaufbau ohne negative Schlagzeilen möglich wäre. Zugleich wurde das Bemühen deutlich, Konflikte nicht in die Öffentlichkeit gelangen zu lassen – bis hin zum Ausschluss von Medienvertretern von Beratungen bei Parteitagen auf Landesebene.

Drei Landesverbände stehen – auf jeweils ganz unterschiedliche Art und Weise – exemplarisch für den Rechtstrend an der Basis der Partei: die Verbände in Hessen, NRW und Thüringen.

---

[180] Frankfurter Allgemeine Zeitung: »Alternative für Deutschland« – Putschversuche bei der AfD (30.11.2013), www.faz.net/aktuell/politik/inland/alternative-fuer-deutschland-putschversuche-bei-der-afd-12687593.html, abgerufen am 2.2.2014.

5.1 Der Fall Hessen

Die AfD in Hessen ist der Landesverband, der aus Sicht des Bundesvorstands seit seiner Gründung die meisten negativen Schlagzeilen produziert hat. Für einen Rechtstrend der Hessen-AfD standen früh zwei Namen: Heinrich Hofsommer und Wolfgang Hübner. Das zeitweilige Landesvorstandsmitglied Hofsommer war von 1990 bis 1991 und von 1993 bis 1995 für die CDU Mitglied des hessischen Landtags. 1997 verließ er die Union. 2002 versuchte er sich am Aufbau eines hessischen Landesverbands der *Schill-Partei*.[181] Später ging er für eine Weile zum *Bund Freier Bürger* (BFB). Von 1995 an arbeitete er im hessischen Hünfeld als Leiter der *Jahnschule*, die er 2002 im Streit verließ. Damals waren Beschwerden bekannt geworden, denen zufolge er etwa eine siebte Klasse während des Englisch-Unterrichts den Satz im Chor wiederholen ließ: »In Germany there are too many immigrants.« Schon in den 1980er Jahren habe er während seiner Tätigkeit an einer Schule im hessischen Niederaula die Schülerinnen und Schüler »Deutschland, Deutschland über alles« singen lassen, kritisierten Elternvertreter.[182]

Besonderes Lob in Rechtsaußen-Kreisen hat Wolfgang Hübner, Ratsmitglied der *Freien Wähler Frankfurt* und ehemals stellvertretender Landessprecher der AfD Hessen, erhalten. Er habe mit seinen Äußerungen des Öfteren »für empörte Reaktionen zart besaiteter und politisch überkorrekter Parteifreunde« gesorgt, hieß es Mitte Mai 2013 anerkennend auf der Website der Rechtsaußen-Monatszeitschrift *Zuerst*.[183] Hübner hatte unter anderem behauptet, die NSU-Morde würden »politisch instrumentalisiert«; die »Situation« werde »von verschiedenen Einwanderer-Lobbyisten in unverschämter Weise« genutzt, »um von dem Staat zusätzliche materielle und

---

[181] Frankfurter Allgemeine Zeitung (Justus Bender): »Alternative für Deutschland« – Putschversuche bei der AfD (30.11.2013), www.faz.net/aktuell/politik/inland/alternative-fuer-deutschland-putschversuche-bei-der-afd-12687593.html, abgerufen am 8.3.2014; Frankfurter Rundschau (Carsten Meyer und Joachim F. Tornau): Hessen AfD: Ringen um den rechten Kurs (5.12.2013), www.fr-online.de/rhein-main/hessen-afd-ringen-um-den-rechten-kurs,1472796,25532664.html, abgerufen am 8.3.2014.
[182] Neurad, Stefan: Englisch für Deutsche, in: Jungle World 2/2002 vom 2.1.2002.
[183] Alternative für Deutschland: Eine Partei zwischen Karrieristen-Truppe und Hoffnungsschimmer, 18.5.2013, www.zuerst.de/2013/05/18/alternative-fur-deutschland-eine-partei-zwischen-karrieristen-truppe-und-hoffnungsschimmer/, abgerufen am 30.8.2013.

5. Rechte Erscheinungsformen in den AfD-Landesverbänden

ideelle Zuwendungen zu fordern«.[184] »Hübner steht für politische Brandstiftung am rechten Rand des Parteienspektrums«, urteilte die *Frankfurter Rundschau*: »Es ist leicht erkennbar, dass er den verbreiteten Unmut über die europäische Währungspolitik und ihre sozialen Folgen (...) nur als politischer Trittbrettfahrer nutzen möchte.« Ihm gehe es »um viele andere Ziele und Inhalte – etwa um Stimmungsmache gegen muslimische Migranten, auch gegen die Menschen, die als Teil der großen europäischen Armutswanderung nach Deutschland und Frankfurt kommen«.[185]

Hübner war einer derjenigen, die im November 2013 eine organisatorische Krise im hessischen Landesverband auslösten.[186] Bei einem Landesparteitag trat der komplette Vorstand zurück. Zur Neuwahl der Führungsspitze kam es aber nicht, da mehr als ein Drittel der erschienenen Mitglieder den Saal verließen und den Parteitag damit beschlussunfähig machten, darunter Hübners Anhänger.[187]

Auch mit einem neuen, bei einem weiteren Parteitag drei Wochen später gewählten Vorstand gelang es nicht, aus den Schlagzeilen zu kommen. Zunächst fiel Landessprecher Volker Bartz durch rechten Jargon auf. Einem Bericht der *FAZ* zufolge sagte er, er spreche sich vor allem dagegen aus, »dass Einwanderer und Sozialschmarotzer die deutschen Sozialsysteme ausbeuten«.[188] Dann wurden Äußerungen von Schatzmeister Peter Zie-

---

[184] Hübner, Wolfgang: Die »NSU«-Morde werden politisch instrumentalisiert! 5.11.2012, www.freie-waehler-frankfurt.de/artikel/index.php?id=408, abgerufen am 30.8.2013.

[185] Göpfert, Claus-Jürgen: Auf dem Trittbrett, Frankfurter Rundschau vom 7.5.2013.

[186] echo-online: Neuer Ärger im Landesvorstand der AfD (8.11.2013), www.echo-online.de/nachrichten/landespolitik/Neuer-Aerger-im-Landesvorstand-der-AfD;art175,4448828, abgerufen am 8.3.2014.

[187] Frankfurter Allgemeine Zeitung: Eklat beim Parteitag AfD in Hessen hat keinen Vorstand mehr (24.11.2013), www.faz.net/aktuell/rhein-main/eklat-beim-parteitag-afd-in-hessen-hat-keinen-vorstand-mehr-12679118.html, abgerufen am 8.3.2014, und Frankfurter Allgemeine Zeitung: Hessen AfD-Parteitag endet im Streit (24.11.2013), www.faz.net/aktuell/politik/inland/hessen-afd-parteitag-endet-im-streit-12679077.html, abgerufen am 8.3.2014.

[188] Frankfurter Allgemeine Zeitung (Jens Joachim): Europawahl im Visier – Neuer AfD-Chef wendet sich gegen »Sozialschmarotzer« (24.11.2013), www.faz.net/aktuell/rhein-main/europawahl-im-visier-neuer-afd-chef-wendet-sich-gegen-sozialschmarotzer-12714676.html, abgerufen am 8.3.2014.

5.1 Der Fall Hessen

mann bekannt. Wie *Frankfurter Rundschau*[189] und *Frankfurter Allgemeine Zeitung* berichteten, hatte Ziemann bei Facebook geschrieben: »Mir sind nationale Korruption und Mafiosi lieber – bei denen weiß man zumindest, woran man ist – als die internationalen Mafiosi, die unter dem Deckmantel von Demokratie, Humanismus und Multikulti die Menschheit in einem ökofaschistischen Gefängnisplaneten versklaven wollen.«[190] Konkret seien das, so gibt die *FR* Ziemanns Facebook-Eintrag wieder, die jüdische Bankiersfamilie Rothschild, der liberale jüdisch-amerikanische Milliardär George Soros, die Unternehmerfamilie Rockefeller »und die ganzen freimaurerisch organisierten Tarnorganisationen, die ein Großteil unserer Politiker-Attrappen über ihre Führungsoffiziere steuern«. Auf der Internetseite eines Unternehmens, für das Ziemann als Autor von Marktanalysen tätig war, hatte er zudem 2012 notiert: »Der heutige Sozialismus, der sich Demokratie schimpft, muss das gleiche Schicksal wie der Ostblock vor mehr als 20 Jahren erleiden. Nur so können wir die satanistischen Elemente der Finanz-Oligopole von den westlichen Völkern wieder abschütteln, die wie die Zekken das Blut der Völker aussaugen und die Körper mit tödlichen Bakterien verseuchen.« Ziemann wurde nur fünf Tage nach seiner Wahl seines Amtes enthoben. Landessprecher-Kollege Volker Bartz geriet mit in den Strudel – unter anderem, weil er, so die *FAZ*, Ziemanns Äußerungen in einer parteiinternen E-Mail als »für intellektuelle Personen philosophisch interessant« bezeichnet hatte.

Ohne Bartz und Ziemann beim Namen zu nennen, stellte sich Hübner an deren Seite. In einem Text mit dem Titel »Die AfD am Jahresende: Leider keine Alternative – Zu wenig Politik, zu viel Gezänk und Intrige«, veröffentlicht auf der Internetseite der *Freien Wähler Frankfurt*, monierte er, im Erscheinungsbild der Partei würden »allerlei Abgrenzungen, Rücktritte, Machtspiele, Intrigen und auch Denunziationen« dominieren.[191] »Ausge-

---

[189] Frankfurter Rundschau (Joachim F. Tornau und Carsten Meyer): Alternative für Deutschland: Richtungsstreit bei AfD eskaliert (20.12.2013), www.fr-online.de/landtagswahl-in-hessen---hintergrund/alternative-fuer-deutschland-richtungsstreit-bei-afd-eskaliert,23897238,25676910.html, abgerufen am 8.3.2014.

[190] Frankfurter Allgemeine Zeitung: Hessischer Landesverband AfD-Vorstand des Amtes enthoben (19.12.2013), www.faz.net/aktuell/politik/inland/hessischer-landesverband-afd-vorstand-des-amtes-enthoben-12719304.html, abgerufen am 8.3.2014.

[191] Freie Wähler Frankfurt: Die AfD am Jahresende: Leider keine Alternative – Zu wenig Politik, zu viel Gezänk und Intrige (30.12.2013), www.freie-waehler-frankfurt.de/artikel/index.php?id=619, abgerufen am 26.1.2014.

rechnet in der AfD, auf der so große Hoffnungen auf Widerstand, ja sogar Kampf gegen die informelle Herrschaft der sogenannten ›Politischen Korrektheit‹ ruhten, wird mit selbstmörderischer Intensität jegliche ›rechte‹ Gesinnung oder Äußerung exorziert.«

Hübner, dessen Kommentare zur politischen Entwicklung der AfD auf der Internetseite der *Freien Wähler Frankfurt*, bei *Politically Incorrect* oder per Facebook weit verbreitet wurden und beim rechten Flügel der AfD breite Beachtung fanden, gehört der Partei inzwischen nicht mehr an. Vor die Wahl gestellt, ob er weiter für seine *Freien Wähler* oder die AfD aktiv sein wolle, entschied er sich Anfang November 2014 für seine Frankfurter Wählergemeinschaft und verließ die Partei.[192] An den AfD-internen Debatten will er sich freilich auch weiterhin beteiligen. »Diejenigen, die sich nun offen oder klammheimlich über die Beendigung meiner Mitgliedschaft freuen, weil eine selbständig denkende Stimme in der Partei keine Stimmkarte mehr hat, teile ich mit: Schweigen werde ich nicht! Denn ich fühle mich zutiefst verbunden mit vielen Mitgliedern und Freunden in der AfD, die ähnliche politische Positionen vertreten wie ich und für diese kämpfen«, schrieb er in einer längeren Erklärung zu seinem Austritt.[193]

Erstmals wieder zu hören war Hübners Stimme in der Debatte über den Mitte November gewählten neuen hessischen Landesvorsitzenden Peter Münch. Die *FAZ* hatte berichtet, Münch habe seine Vergangenheit bei den rechtsextremen *Republikanern* falsch dargestellt.[194] Er sei dort länger Mitglied gewesen, als er es selbst in einem parteiinternen Dokument angegeben habe – und auch noch zu einem Zeitpunkt, als die Republikaner vom Verfassungsschutz als »rechtsextrem« eingestuft worden seien. Hübner rief nach dem FAZ-Bericht zur »Solidarität mit Peter Münch« auf. Falls Münch aus seiner Funktion gedrängt werden würde, so Hübner, sei »die

---

[192] Rösmann, Tobias, Frankfurter Allgemeine Zeitung: Hübner tritt aus AfD aus (5.11.2014), www.faz.net/aktuell/rhein-main/frankfurt/frankfurt-wolfgang-huebner-tritt-aus-afd-aus-13248135.html und blu NEWS. Wolfgang Hübner verlässt die AfD (4.11.2014), www.blu-news.org/2014/11/04/wolfgang-huebner-verlaesst-die-afd/, abgerufen am 28.11.2014.
[193] www.facebook.com/wolfganghuebnerffm/posts/770916379654291, abgerufen am 29.11.2014.
[194] Bender, Justus, Frankfurter Allgemeine Zeitung: AfD-Landesvorsitzender Peter Münch verschleiert Republikaner-Mitgliedschaft (25.11.2014), www.faz.net/aktuell/politik/hessen-afd-landesvorsitzender-peter-muench-verschleiert-republikaner-mitgliedschaft-13285849.html, abgerufen am 28.11.2014.

hessische AfD vielleicht noch organisatorisch lebensfähig, politisch aber für alle freiheitlichen, konservativen und patriotischen Kräfte mausetot«.[195]

5.2 Der Fall Nordrhein-Westfalen

Bis in die ersten Monate des Jahres 2014 wurde die NRW-AfD vom Konflikt zwischen einem wirtschaftsliberalen und einem nationalkonservativ-rechtspopulistischen Flügel beherrscht, personalisiert durch den ersten Landesvorsitzenden Alexander Dilger auf der einen Seite und einen seiner Stellvertreter, den AfD-Mitbegründer Martin E. Renner, auf der anderen Seite. Renner sagte über sich, er stehe für die »konservativ-liberale, patriotische Position in der AfD«.[196] Bei einer Mitgliederversammlung der Landespartei im Januar 2014 »geißelte« er einem WDR-Bericht zufolge das »nationale Identitäten zerstörende EU-Projekt der politischen Pseudo-Eliten«.[197] Das Europäische Parlament nannte er »eine Fassadendemokratie« und kritisierte eine angebliche »Islamisierung der Alltagswelt«. Dilger, ein früheres FDP-Mitglied, Euro-, aber nicht EU-Gegner und in gesellschaftspolitischen Fragen eher liberal eingestellt, widersprach Renners Selbsteinschätzung als »konservativ-liberal«: »Was die politischen Inhalte angeht, verstehe ich Ihre Selbstzuschreibung als nicht nur, aber auch liberal nicht und halte selbst konservativ für nicht den richtigen Ausdruck. Bernd Lucke oder Konrad Adam sind konservativ, Sie sind ultrakonservativ bzw. reaktionär.«[198] Manchmal, so Dilger zudem, lasse Renner die nötige Abgrenzung zum Rechtsextremen vermissen. Verschärft worden war die Auseinandersetzung dadurch, dass Renner trotz der Absage von AfD-Sprecher Lucke an eine Zusammenarbeit mit der *United Kingdom Independence*

---

[195] Hübner, Wolfgang: Solidarität mit Peter Münch (26.11.2014), http://querulanten.eu/wolfgang-huebner-solidaritaet-mit-peter-muench/, abgerufen am 28.11.2014.

[196] Dilger, Alexander: Disziplinlosigkeit führt zu Misserfolgen (26.1.2014), alexanderdilger.wordpress.com/2014/01/26/disziplinlosigkeit-fuhrt-zu-misserfolgen/, abgerufen am 7.3.2014.

[197] WDR (Martin Teigeler): Streit in der Anti-Euro-Partei: Wohin driftet die AfD in NRW? (25.1.2014), www1.wdr.de/themen/politik/afdnrw100.html, abgerufen am 7.3.2014.

[198] Dilger, Alexander: Disziplinlosigkeit führt zu Misserfolgen (26.1.2014), alexanderdilger.wordpress.com/2014/01/26/disziplinlosigkeit-fuhrt-zu-misserfolgen/, abgerufen am 7.3.2014.

5. Rechte Erscheinungsformen in den AfD-Landesverbänden

Party (UKIP) ein Bündnis der AfD mit der britischen Partei befürwortete. Der Streit beider Fraktionen führte im Herbst 2013 zur Handlungsunfähigkeit des Landesvorstands. Dilger trat zurück, Renner wurde bei einem Parteitag abgewählt.

Der Streit zwischen liberalen und nationalkonservativ-populistischen Kräften führte dazu, dass ein Funktionär wie Hermann Behrendt, einer der stellvertretenden Landessprecher, quasi die »Mitte« des Landesverbandes bilden konnte. Das überrascht auf den ersten Blick, da sich Behrendt in der Vergangenheit als Vertreter demokratietheoretisch fragwürdiger Modelle hervorgetan hat. Behrendt plädierte dafür, die parlamentarische Demokratie in Deutschland durch eine »mandative Demokratie« zu ersetzen.[199] Demnach sei die Regierung nicht vom Parlament, sondern direkt zu wählen; dasselbe solle für den Bundespräsidenten gelten. Gleichzeitig sprach sich Behrendt für den »Verzicht« auf das »überflüssige Parlament« aus.[200] Zwar forderte er einen »offenen Diskurs« in einem »Bürgerforum« über politische Belange und »direktdemokratische Eingriffsmöglichkeiten«. Doch dabei war nicht ersichtlich, wie die Regierung noch kontrolliert werden sollte. Sie solle, schlug Behrendt vor, Gesetze in eigener Vollmacht per Erlass verkünden können – eine Konzeption, die mit der Tradition der Gewaltenteilung brechen würde.

Die Zeiten, da der Landesverband von – nach AfD-Maßstäben – liberalen Kräften geführt wurde, scheinen spätestens seit dem 7. Juni 2014 erst einmal vorbei zu sein. An diesem Tag wurde bei einem Parteitag Marcus Pretzell als neuer Landessprecher gewählt.[201] Pretzell wird als Kritiker und potenzieller Rivale von Parteichef Lucke gehandelt. Am deutlichsten waren die Differenzen zwischen beiden in der Frage geworden, mit welchen Parteien die AfD im Europaparlament zusammenarbeiten solle. Lucke hatte früh vor der Europawahl signalisiert, dass er die britischen Konservativen favorisierte. Pretzell machte sich zum Fürsprecher jener Mitglieder, die Sympathien für ein Bündnis mit der UKIP hegten. Bei einem Bundesparteitag sagte er einem Mitschnitt seiner Rede zufolge, die britischen Konservativen könnten »keine Partner für uns sein«. Seine Begründung: Die Tories

---
[199] Behrendt, Hermann: Die mandative Demokratie. Eine Realutopie, http://mandative-demokratie.de/files/die_mandative_demokratie.pdf.
[200] Ebd.: 279ff.
[201] Alternative für Deutschland, Landesverband NRW: Marcus Pretzell ist neuer Landessprecher der NRW-AfD, 8.6.2014, www.nrw-alternativefuer.de/marcus-pretzell-ist-neuer-landessprecher-der-nrw-afd/, abgerufen 14.6.2014.

5.2 Der Fall Nordrhein-Westfalen

würden in ihrer Fraktion mit »germanophoben Parteien« wie der tschechischen *Demokratischen Bürgerpartei* ODS oder der polnischen *Partei Recht und Gerechtigkeit* PiS zusammenarbeiten. Pretzells Ansage vor den Delegierten in Berlin war deutlich: »Persönlich sage ich Ihnen: Für die Tories stehe ich nicht zur Verfügung.« Mit knapp 55% der Stimmen wählten ihn die Delegierten gleichwohl auf Platz 7 der AfD-Liste zur Europawahl. Pretzell trat auch bei einer Veranstaltung mit UKIP-Chef Nigel Farage Ende März in Köln auf. Für seinen Auftritt handelte er sich eine Rüge des Bundesvorstands ein,[202] in den er wenige Tage zuvor gewählt worden war.[203]

Neben der Wahl Pretzells an die Spitze der NRW-AfD fasste der Landesparteitag vom 7. und 8. Juni 2014 einen weiteren Beschluss, der als Richtungsentscheidung gewertet werden kann. Als erster Landesverband bundesweit erkannten die Delegierten die *Junge Alternative* (JA) als offizielle Jugendorganisation an.[204] Die JA hatte die Kölner Farage-Veranstaltung organisiert und mit provokativen Kampagnen auch bei der AfD-Spitze für Unbehagen gesorgt. In einem entscheidenden Teil der Programmatik weicht sie von der Parteilinie ab. Während Lucke wiederholt erklärte, es gehe ihm um eine Reform der EU, heißt es bei der JA: »*Die Junge Alternative für Deutschland setzt sich für eine demokratische Auflösung der Europäischen Union ein und fordert stattdessen eine Wirtschaftsgemeinschaft nach Vorbild der ›Europäischen Wirtschaftsgemeinschaft‹ (EWG).*«[205]

Auch auf kommunaler Ebene wurde der Rechtstrend mehr als einmal deutlich. In Essen etwa trat die AfD gleich mit sechs ehemaligen *Republikanern* auf ihrer Kandidatenliste am 25. Mai 2014 zur Wahl des Stadtrats

---

[202] Leister, Annika: Alternative für Deutschland – Ärger in der AfD, in: Frankfurter Rundschau vom 29.3.2014, www.fr-online.de/politik/afd-alternative-fuer-deutschland-aerger-in-der-afd,1472596,26694304.html, abgerufen 14.6.2014.

[203] Alternative für Deutschland, Landesverband NRW: NRW-Spitzenkandidat Marcus Prertzell zieht in den Bundesvorstand ein, 25.3.2014, www.nrw-alternativefuer.de/nrw-europakandidat-marcus-pretzell-zieht-in-den-afd-bundesvorstand-ein/ , abgerufen 14.6.2014.

[204] Junge Alternative NRW: Pressemitteilung: »Nicht rechts, nicht links, sondern vorne!« Die Junge Alternative ist jetzt offizielle Jugendorganisation der AfD NRW, www.facebook.com/photo.php?fbid=456636701148009&set=a.313807565430924.1073741828.298509536960727&type=1, abgerufen 14.6.2014.

[205] Junge Alternative: Programmatik, www.jungealternative.com/info/programmatik/, 14.6.2014.

5. Rechte Erscheinungsformen in den AfD-Landesverbänden

an.[206] Ebenfalls für die AfD in Essen kandidierte Nicolai Boudaghi Vandchali. Boudaghi, seinerzeit als Mitglied von *Die Freiheit* vorgestellt, war im Februar 2013 in den Landesvorstand des *Rings Freiheitlicher Jugend* (RFJ) gewählt worden – eine von Nachwuchskräften der rechtspopulistischen *Bürgerbewegung pro NRW* dominierte Organisation. Im August 2012 sprach er in Köln bei einer Demonstration der *German Defence League* (GDL). Im Vorfeld jener Veranstaltung hatte er erklärt, es gehe darum, »ein System zu stoppen, was sich nicht mal mehr die Mühe gibt seinen diktatorischen Charakter zu verbergen«. Es werde Zeit, »sich dem entgegenzustellen mit allem, was uns zur Verfügung steht«. In mehreren anderen Ruhrgebietsstädten wurde berichtet, AfD und pro NRW hätten in den ersten Sitzungen der kommunalen Gremien bei der Besetzung kommunaler Gremien gemeinsam abgestimmt.[207] In Duisburg gar votierten AfD-Ratsmitglieder in einer offenen Abstimmung für einen Personalvorschlag der NPD. Die Einleitung eines Parteiausschlussverfahrens war in diesem Fall die Folge.[208]

Schlagzeilen machte auch die Ankündigung eines »1. Alternativen Wissenskongresses« durch die fünf Bezirksverbände der AfD in Nordrhein-Westfalen.[209] Zu der Veranstaltung, die am 22. März 2015 in Witten stattfinden soll, wurden als Referenten Jürgen Elsässer, Karl Albrecht Schachtschneider, Eberhard Hamer und Andreas Popp eingeladen, die bisher teils als Verschwörungstheoretiker, teils wegen ihrer Rechtsaußen-Aktivitäten aufgefallen sind. Nach parteiinterner Kritik an der Planung zogen sich die Bezirksverbände als Einladende zurück. Verantwortlich zeichnet nun ein »Verein zur Förderung des politischen Dialogs«. AfD-Funktionäre gehören aber nach wie vor zu den Organisatoren.[210]

---

[206] Blick nach rechts: Rechtslastiges Sammelbecken AfD, 6.5.2014, www.bnr.de/artikel/aktuelle-meldungen/rechtslastiges-sammelbecken-afd, abgerufen 15.6.2014.

[207] Blick nach rechts: Rechte Taktierer (18.7.2014), www.bnr.de/artikel/hintergrund/rechte-taktierer, und Blick nach rechts: Unerwünschte Absprachen (17.9.2014), www.bnr.de/artikel/aktuelle-meldungen/unerw-nschte-absprachen, abgerufen am 28.11.2014.

[208] Schmid, Barbara und Schmid, Fidelius, Der Spiegel: detaillierte Absprachen (13.10.2014),www.spiegel.de/spiegel/print/d-129736986.html, abgerufen am 28.11.2014.

[209] Blick nach rechts: Krude Weltbilder (22.10.2014), www.bnr.de/artikel/aktuelle-meldungen/krude-weltbilder, abgerufen am 28.11.2014.

[210] Augstein, Jürgen, Der Westen: AfD-Bezirke distanzieren sich von Wissenskongress in Witten (12.11.2014), www.derwesten.de/staedte/witten/afd-bezirke-

5.3 Der Fall Thüringen

Praktisch seit der Gründung des Landesverbandes herrscht Streit um Posten, Geld, mögliche Satzungsverstöße, die politische Orientierung – und um rechte »Personalien«. Im April 2013 lud etwa der Rechtsaußenaktivist Paul Latussek zur Gründung des AfD-Verbandes Ilmkreis ein.[211] Nachdem die Presse über die Mitarbeit von Latussek in der AfD berichtete, distanzierte man sich von ihm. Die Gründung des Verbandes sei unabgesprochen erfolgt, hieß es vom Landesvorstand. Latussek, früher Funktionär beim *Bund der Vertriebenen*, hatte einst den Holocaust verharmlost, wurde wegen Volksverhetzung verurteilt und trat als Referent bei ultrarechten Organisationen auf. Mit David Köckert war sogar ein bekannter Neonazi Mitglied in der Thüringer AfD.[212] Während seiner Mitgliedschaft war er Ende 2013 Initiator mehrerer Demonstrationen gegen ein Wohnheim für Flüchtlinge in Greiz. Der MDR berichtete, dass die Thüringer Behörden ihn sogar »zum Umfeld des mittlerweile verbotenen militanten Neonazi-Netzwerks Blood & Honour« zählten.[213] Zwar soll die AfD versucht haben, ihn auszuschließen – doch das gelang offenbar nicht. Am 20. Februar 2014 verließ Köckert die Partei und erklärte seinen Eintritt in die NPD. Ausschlaggebend für seinen Übertritt sei, so Köckert, dass die AfD in Thüringen zerstritten und nicht »politikfähig« sei.[214]

Im Mittelpunkt der Differenzen in Thüringen stand lange Zeit mit Matthias Wohlfahrt einer der früheren Landessprecher. Parteiintern wurde ihm vorgeworfen, er sei ein »völkisch-christlicher Missionar«, wie der Sprecher des AfD-Kreisverbandes Ilmkreis/Gotha, Rüdiger Schmitt, formulierte.[215] Deutschlandradio Kultur hatte ihn im März 2014 mit den Worten zitiert,

---

distanzieren-sich-von-wissenskongress-in-witten-id10031880.html, abgerufen am 28.11.2014.
[211] Wirtshauspolitik aus Ilmenau, in: insuedthueringen.de (20.4.2013), www.insuedthueringen.de/regional/thueringen/thuefwthuedeu/Wirtshauspolitik-aus-Ilmenau;art83467,2510798 , abgerufen am 14.6.2014.
[212] Thüringer Landtag: Kleine Anfrage und Antwort des Thüringer Innenministeriums »Alternative für Deutschland« und extreme Rechte?, Drs. 5/7244, 3.2.2014.
[213] MDR/Exakt: Neonazis organisieren Bürgerinitiative (16.10.2013), www.mdr.de/exakt/protest_gegen_asylbewerber104.html, abgerufen am 15.6.2014.
[214] NPD Thüringen: »Die AfD ist nicht politikfähig« – Greizer Mitglied wechselt zur NPD (25.2.2014), npd-thueringen.de/?p=3128, abgerufen am 15.6.2014.
[215] Machtkampf in der Thüringer AfD, in: Osterländer Volkszeitung vom 28.1.2014.

5. Rechte Erscheinungsformen in den AfD-Landesverbänden

die Abneigung gegenüber Ausländern sei »biologisch normal«.[216] Zu rassistischer Gewalt hatte er geäußert: »Wenn ich das sehe, wie ein Afrikaner an der Bushaltestelle von irgendwelchen ›Rechten‹ zusammengeschlagen worden ist, sehe ich aber auch den Hintergrund: Ich sehe den Hintergrund, dass möglicherweise durch eine lasche Handhabung mit kriminell agierenden Einwanderern so eine Antistimmung gefördert wird, ja.« Neben solchen Äußerungen wurde Wohlfahrt auch vorgehalten, er diffamiere unbequeme Mitglieder und grenze sie aus.[217] Mitte Juni 2014 trat Wohlfahrt – gemeinsam mit dem kompletten Vorstand – zurück. Als neue Vorstandssprecher wurden Steffen Möller und Björn Höcke gewählt.

Für Aufsehen hatte Anfang April 2014 auch der Parteiaustritt von Sieghardt Rydzewski gesorgt. Der frühere Sozialdemokrat und Landrat des Altenburger Landes hatte dem Landesverband eine »diktatorische Führung« und »sektenähnliche Strukturen« vorgeworfen.[218]

Typisch für das Spitzenpersonal im Lande ist eine besondere Nähe zur »Neuen Rechten«. So lud man im Dezember 2013 zum Auftakt der Debatte über das Landtagswahlprogramm Professor Günter Scholdt zu einem programmatischen Referat ein. Politisch ist Scholdt, ein Literaturwissenschaftler im Ruhestand, kein unbeschriebenes Blatt. In der *Edition Antaios*, einem Verlag der »Neuen Rechten«, publizierte er zwei Bücher; seit Jahren schreibt er für das neurechte Blatt *Sezession*, die *Preußische Allgemeine Zeitung* (PAZ) oder die *Junge Freiheit*. Beim neurechten *Institut für Staatspolitik* hielt er Vorträge, ebenso sprach er auf dem *Zwischentag*, einer kleinen Messe extrem rechter Verlage und Organisationen.[219] In seinem Vortrag »Der historische Auftrag der AfD aus der Sicht eines Konservativen«[220] vor der Thüringer

---

[216] Deutschlandradio Kultur (Henry Bernhard): Fundamentalistisch und national – AfD in Thüringen schürt Vorurteile und Intoleranz gegenüber Fremden, 13.3.2014, www.deutschlandradiokultur.de/wahlkampf-fundamentalistisch-und-national.1001.de.html?dram:article_id=280051 , abgerufen am 14.6.2014.
[217] MDR: Thüringer AfD mit neuer Spitze in den Wahlkampf, 14.6.2014, www.mdr.de/thueringen/afd-thueringen100.html , abgerufen am 14.6.2014.
[218] MDR: Rydzewski tritt bei der AfD aus, 3.4.2014, www.mdr.de/thueringen/ostthueringen/afd_rydzewski100.html , abgerufen am 14.6.2014.
[219] Vgl. dazu das Publikations- und Vortragsverzeichnis von Günter Scholdt (www.scholdt.de), abgerufen am 1.3.2014.
[220] Die historische Mission der AfD/Ratschlag von außen – ein Vortrag von Prof. Dr. Scholdt am 7.12.13 während des Impulstreffens der AfD-Thüringen (12.12.2013), afd-thueringen.de/2013/12/die-historische-mission-der-afd-ratschlag-von-aussen-vortrag-von-prof-dr-scholdt/.

5.3 Der Fall Thüringen

AfD beklagte Scholdt einen »grassierenden Antigermanismus«, polemisierte gegen »Muster-Demokraten« und bekannte sich trotzig zum »Rechts-Sein«. Er empfahl, »dem modernistischen Zeitgeist zu widerstehen und klassische konservative Tugenden zu pflegen«, »an gewachsenen Bindungen wie Familie, Heimat, Nation festzuhalten«, im Geiste von Thilo Sarrazin gegen »eine konzeptionslose Einwanderungspolitik« Front zu machen und die »inakzeptable Schicht an Leistungsempfängern samt üppig ins Kraut schießende Sozialindustrie und Gesinnungsbürokratie als bedrohliche Zukunftshypothek« abzulehnen. Zudem forderte er, »sich aus einer fremdbestimmten Haltung zur eigenen Geschichte zu lösen und Historiografie wieder einmal jenseits von aktuellen geschichtspolitischen Opportunitäten zu gestatten«.

Mit seinen »10 Thesen für den Freistaat Thüringen« versuchte Landessprecher Höcke im Sommer 2014 an Scholdts Aussagen anzuknüpfen.[221] Gleich in der ersten These werden Elemente einer rechtspopulistischen Argumentationsweise aufgegriffen: die Klage über eine angeblich geforderte »politische Korrektheit« und eine nicht oder nicht umfassend gewährleistete Meinungsfreiheit sowie die Unterstellung, der AfD stehe ein »Kartell« der anderen Parteien gegenüber, die wichtige Diskussionen unterbinden. »Wie der Mehltau« liege »die sogenannte politische Korrektheit« auf dem Land, klagt Höcke. »Eine ergebnisoffene Erörterung zukunftsbedeutender Politikbereiche wie Einwanderung, Demographie und Währung wird vom Altparteienkartell unterbunden. Die grundgesetzlich garantierte Meinungsfreiheit muß verwirklicht werden.« Die Kritik an anderen Parteien wird in der zweiten These noch einmal verschärft, wenn es dort heißt: »Der Staat wird zum Raub der Parteien, die ihren Machterhalt über alles stellen.« Allgemein abwertend äußert sich Höcke über Politiker. In seiner dritten These klagt er, dass sich der »politische Sumpf in Thüringen« immer weiter ausbreite: »In Jahrzehnten hat sich ein Berufspolitikertypus herausgebildet, dem das eigene Fortkommen und der persönliche Vorteil alles, der Dienst für unser Land nichts mehr bedeutet.« Höcke fordert: »Die preußischen Tugenden – wie Pflichtgefühl, Redlichkeit, Fleiß, sachlicher Ehrgeiz und Gerechtigkeitssinn – müssen wieder zum selbstverständlichen Wertmaßstab werden«. In der Folge widmet sich Höcke verschiedenen Politikbereichen. Zum Thema Ehe und Familie (These 4) heißt es unter ande-

---

[221] AfD Thüringen: 10 Thesen für den Freistaat Thüringen, 21.6.2014, http://afd-thueringen.de/2014/06/10-thesen-fuer-den-freistaat-thueringen/, abgerufen am 23.6.2014.

rem: »Schädliche, teure, steuerfinanzierte Gesellschaftsexperimente, die der Abschaffung der natürlichen Geschlechterordnung dienen (sog. gender mainstreaming), sind sofort zu beenden.« Die »klassische Familie« sei »wieder zum gesellschaftlichen Leitbild zu erheben«. In These 5 wird gefordert »bildungspolitischen Firlefanz« zu beenden. Die Schulen in Thüringen müssten »Kenntnisse, Fähigkeiten, Fertigkeiten sowie übertragbare Einsichten vermitteln und nicht die Schüler durch Konfliktgeschwätz langweilen und in die Irre führen«. Landespolitisches Terrain verlässt der Autor in seiner siebten These, wenn er den »EU-Zentralismus mit seiner Regelungswut und seinen Freizügigkeitsregeln« kritisiert, der »unsere weltweit einzigartige Handwerkskultur« bedroht. Dramatisierend heißt es in der zehnten und letzten These mit Blick auf die Landtagswahl am 14. September 2014: »Die Zukunft Thüringens, Deutschlands und Europas steht auf dem Spiel.« Geburtenarmut, Einwanderung, Staatsschulden- bzw. Währungskrise würden das Land vor »nie dagewesene Herausforderungen« stellen. »Um das Volksvermögen, die Sozialversicherungssysteme, aber auch unsere staatliche Integrität und Identität als Deutsche in einem friedlichen Europa zu sichern, ist ein echter Politikwechsel zwingend notwendig.«

5.4 Weitere Fälle

Hamburg
Die AfD Hamburg war einer der ersten Landesverbände der Partei, dessen Rechtsaußen-Kontakte für Unruhe sorgten. Anstoß erregte, dass mit Jens Eckleben ein führendes Mitglied in der Hansestadt zuvor Landesvorsitzender der Partei *Die Freiheit* gewesen war. Über Eckleben wurde zudem berichtet, auf seinem Youtube-Kanal stoße man auf eine Datei mit dem Titel »Historisches Liedgut aus dem 19. Jahrhundert – Interpret: Frank Rennicke«.[222] Rennicke ist einer der bekanntesten Neonazi-Musiker. Ecklebens Engagement bei der *Alternative für Deutschland* war unter anderem ein Grund, warum der ehemalige FDP-Politiker Sigurd Greinert Anfang Mai 2013 entnervt die Hamburger AfD verließ. Parteimitglieder wie Eckleben würden »von der Parteiführung ungehindert islamkritische oder an-

---

[222] Sieber, Roland: AfD: Professorenpartei als rechtspopulistische Sammelbewegung? 19.3.2013, www.publikative.org/2013/03/19/afd-professorenpartei-als-rechtspopulistische-sammelbewegung/, abgerufen am 30.8.2013.

5.4 Weitere Fälle

dere meines Erachtens am rechten Rand fischende Blog-Einträge verfassen«, kritisierte Greinert: »Ich kann eine Partei nicht länger unterstützen, die es zulässt, dass Mitglieder aus Parteien mit rechtspopulistischen Motiven unkontrolliert aufgenommen werden.«[223] In der Folge sorgte die Spitze der Hamburger AfD dafür, dass Eklats wie derjenige um Eckleben ausblieben. Er wurde auf die hinteren Ränge der Partei verbannt. Laut Meldungen des Internetportals *publikative.org* hielt die AfD Hamburg jedoch Kontakt zu dem im Frühjahr 2013 gegründeten *Konservativ-Freiheitlichen Kreis Hamburg*, der sich eigenen Angaben zufolge unter Mitwirkung von Aktivisten um das islamfeindliche Internetportal *Politically Incorrect* (PI) und von »Leuten der Identitären Bewegung« gebildet hatte.[224]

Hamburgs AfD-Landeschef Jörn Kruse bemüht sich um eine – nach AfD-Maßstäben – betont gemäßigte Außendarstellung der Partei.[225] Das Bild wurde freilich des Öfteren konterkariert. Als die AfD Anfang Oktober 2014 ihre Kandidaten für die Bürgerschaftswahl im Februar 2015 nominierte, schafften mit Dirk Nockemann (3.) und Peter Lorkowski (7.) zwei Ex-Funktionäre der *Schill-Partei* den Sprung auf vordere Listenplätze.[226] Unter für die AfD optimalen Umständen hätte sogar noch Jens Eckleben als 14. auf der Liste Chancen auf den Einzug in die Bürgerschaft.

Schlagzeilen machte im Herbst 2014 auch die Hamburgerin Tatjana Festerling, die sich selbst als Gründungsmitglied der AfD bezeichnet. Sie hatte an einer Aktion der »Hooligans gegen Salafisten« in Köln teilgenommen und anschließend eine Art Reisebericht veröffentlicht.[227] »Heute Abend

---

[223] Hamburger Mitglied tritt aus »Alternative« aus, 6.5.2013, www.abendblatt.de/hamburg/article115943067/Hamburger-Mitglied-tritt-aus-Alternative-aus.html, abgerufen am 30.8.2013.

[224] Krebs, Felix: Alternative für Deutschland: Auf Stimmenfang ganz rechts, 15.8.2013, www.publikative.org/2013/08/15/alternative-fuer-deutschland-auf-stimmenfang-ganz-rechts/, abgerufen am 30.8.2013.

[225] Beitzer, Hannah, Süddeutsche Zeitung: Der ist ja so nett (20.11.2014), www.sueddeutsche.de/politik/alternative-fuer-deutschland-in-hamburg-der-ist-ja-so-nett-1.2229223, abgerufen am 29.11.2014.

[226] Sager, Tomas, Blick nach rechts: Rechtstrend ungebrochen (6.10.2014), www.bnr.de/artikel/hintergrund/rechtstrend-ungebrochen, und Speit, Andreas, Blick nach rechts: Zu viel Schill in der AfD (9.10.2014), www.bnr.de/artikel/aktuelle-meldungen/zu-viel-schill-in-der-afd, abgerufen am 29.11.2014.

[227] Blick nach rechts: AfDler sorgen sich um Ansehen von Hooligan-Truppe (29.10.2014), www.bnr.de/artikel/aktuelle-meldungen/afdler-sorgen-sich-um-ansehen-von-hooligan-truppe, abgerufen am 29.11.2014.

ziehe meinen Hut vor den Hools«, bilanzierte sie das Geschehen. »Ausländer raus«- und »Hier marschiert der Nationale Widerstand«-Parolen sowie mehr als 40 verletzte Polizeibeamte ausblendend, schrieb sie, die Slogans der Hools seien zwar »nicht originell, aber schnell zu merken und in keinster Weise rassistisch, rechtsextrem oder Gewalt auffordernd« gewesen. Die Hooligans lobte sie ob ihrer »Disziplin«, mit der sie durch die Straßen gezogen seien. Ihr Reisebericht endete mit den Worten: »HoGeSa – bitte weitermachen!«

Niedersachsen
Im Landesverband Niedersachsen machte anfangs vor allem der Kreisverband Göttingen Schlagzeilen. Einer seiner stellvertretenden Vorsitzenden gehörte der Burschenschaft *Hannovera Göttingen* an, die bis kurz zuvor dem wegen ihrer Kontakte in die extreme Rechte in die Kritik geratenen Dachverband *Deutsche Burschenschaft* angeschlossen war.[228] Von einem anderen Kreis-Vize kursierte im Internet ein Bild – von dem so Porträtierten als Fotomontage dargestellt –, das ihn mit Hitlergruß zeigte.[229] Beide traten Ende August 2013 von ihren Ämtern im Vorstand zurück.[230] Dem Landesvorstand gehörte zeitweise Wilhelm von Gottberg an. Von Gottberg hatte im November 2012 eine Laudatio bei der Verleihung des »Kulturpreises Wissenschaft« an Gerd Schultze-Rhondorf gehalten. Schultze-Rhondorf hatte sich mit seinem 2003 veröffentlichten Buch »1939 – Der Krieg, der viele Väter hatte« einen Namen in der extremen Rechten gemacht. In seiner Laudatio erklärte von Gottberg, Schultze-Rhondorf sei »mit seinen Veröffentlichungen zu einem Hoffnungsträger für die nachwachsenden Generationen« geworden – und: »Es wird – wann auch immer – ein Ende haben mit der Pariarolle Deutschlands in der Völkergemeinschaft.«[231]

---

[228] Speit, Andreas: Wie rechts sind die Eurogegner? (13.8.2013), www.taz.de/!121788/, abgerufen am 30.8.2013.
[229] Suss, Sonja: Göttinger Wirrwarr, 24.8.2013, www.faz.net/aktuell/politik/bundestagswahl/afd-goettinger-wirrwarr-12545574.html, abgerufen am 30.8.2013.
[230] www.afd-goettingen.de/home/, abgerufen am 30.8.2013.
[231] Heitmann, Jan: Beschlüsse, Entschlossenheit und eine Ehrung, Preußische Allgemeine Zeitung 45/2012 vom 10.11.2012.

5.4 Weitere Fälle

Mecklenburg-Vorpommern

Zu den Parteigliederungen, in denen vormalige *Die Freiheit*-Mitglieder aktiv wurden, gehörte auch die AfD Mecklenburg-Vorpommern. Der frühere Vorstandssprecher des Landesverbandes, Andreas Kuessner, hatte sogar dem Bundesschiedsgericht der *Freiheit* angehört. Auch als Autor eines Manifests mit dem Titel »Mehr Patriotismus wagen« hatte sich Kuessner in seiner früheren Partei einen Namen gemacht. Ende 2011 erklärte er, er stehe nicht nur »für mehr Patriotismus« ein, sondern auch dafür, den »Ungeist der politischen Korrektheit« und die »Zuwanderung von Integrationsverweigerern« zu bekämpfen.[232] Das *Handelsblatt* wies zudem im Sommer 2013 auf die Facebook-Seite des Landesschatzmeisters Klaus-Peter Last hin. Last habe zwar »mehrere Jahre bei den Grünen« verbracht, schrieb die Zeitung: »Allerdings zeigt er auf seiner Facebook-Seite offen Sympathie für den Gitarristen Sascha Korn, dessen Lieder auch auf einer NPD-Schulhof-CD erschienen sind.«[233] Ex-Landessprecher Steffen Wandschneider machte 2013 wiederholt Schlagzeilen, weil er gegen den Willen des Bundesvorstands Kontakte mit der britischen Rechtspartei *United Kingdom Independence Party* (UKIP) und der FPÖ-Absplatung *Bündnis Zukunft Österreich* (BZÖ) knüpfte und Bündnisse dieser Parteien mit der AfD in Aussicht stellte. Nach einem Treffen mit dem UKIP-Vorsitzenden Nigel Farage sagte Wandschneider gegenüber der rechten Wochenzeitung *Junge Freiheit*, bei dem »sehr persönlichen Gespräch« mit Farage sei es auch um die Frage einer künftigen Zusammenarbeit im EU-Parlament gegangen.[234] Im Dezember 2013 schied Wandschneider aus dem Landesvorstand aus. Auch nach einer neuen Vorstandswahl im Februar 2014 kam der Landesverband aber nicht zur Ruhe.

---

[232] Kuessner, Andreas: Mehr Patriotismus wagen – ein Diskussionsbeitrag aus Mecklenburg-Vorpommern, 15.11.2011, diefreiheit.org/home/2011/11/mehr-patriotismus-wagen-ein-diskussionsbeitrag-aus-mecklenburg-vorpommern/, abgerufen am 30.8.2013.

[233] Neuerer, Dietmar: Konservativ, liberal, rechts – wohin steuert die AfD? 28.6.2013, www.handelsblatt.com/politik/deutschland/bundestagswahl-2013/euro-kritiker-konservativ-liberal-rechts-wohin-steuert-die-afd-seite-all/8419392-all.html, abgerufen am 30.8.2013.

[234] Junge Freiheit: AfD-Funktionäre loten Zusammenarbeit mit Nigel Farage aus (8.11.2013), http://jungefreiheit.de/politik/deutschland/2013/afd-funktionaere-loten-zusammenarbeit-mit-nigel-farage-aus/, abgerufen am 9.11.2013.

5. Rechte Erscheinungsformen in den AfD-Landesverbänden

Die Wochenzeitung *der Freitag* berichtete wenige Tage nach der Wahl des neuen Landessprechers Holger Arppe auf ihrer Internetseite, der Rostocker Galerist sei womöglich der Autor von rassistischen Einträgen auf der islamfeindlichen Internetseite *Politically Incorrect* gewesen.[235] Arppe wies die Vorwürfe zurück: »Es bleibt also festzustellen, dass ich diese Kommentare erstens nicht verfasst habe und zweitens über keine Idee verfüge, wer aus welchem Grunde meine E-Mail-Adresse in einem dieser Kommentare platziert haben könnte.«[236] Die Staatsanwaltschaft Rostock leitete wegen des Verdachts der Volksverhetzung Ermittlungen gegen Arppe ein. Bei einem Landesparteitag im November 2014 kandidierte er nicht mehr erneut für das Sprecher-Amt.

Arppes Sprecherkollege Matthias Manthei sorgte derweil im September für Irritationen und Kritik in den Medien und der politischen Landschaft in Mecklenburg-Vorpommern. Manthei und seine beiden Fraktionskollegen im Kreistag von Vorpommern-Greifswald hatten mehrmals für Anträge der NPD zum Umgang mit Asylbewerbern gestimmt.[237] Bis zu diesem Zeitpunkt war es dort Praxis, Vorstöße der rechtsextremen Partei geschlossen abzulehnen. So hält es auch der Landtag von Mecklenburg-Vorpommern. Für diese Art des Umgangs mit NPD-Anträgen hat sich daher die Bezeichnung »Schweriner Weg« eingebürgert. In der Kreistagssitzung habe AfD-Mitglied Gunter Jess einen Antrag der NPD gegen Kirchenasyl sogar in einer Rede inhaltlich unterstützt und verteidigt, meldete die *Ostsee-Zeitung*. Auch bei nahezu allen anderen Abstimmungen hätten die AfD-Mitglieder mit der NPD votiert. Mantheis rechtfertigte das Verhalten seiner Fraktion: »Uns geht es ausschließlich um die Inhalte und nicht um die Parteien. Deshalb entscheiden wir uns frei und unabhängig für das, was wir für richtig halten.«[238] Solange das Bundesverfassungsgericht die NPD nicht verboten habe, sei sie eine legale Partei und müsse auch so behandelt werden. »Wir

---

[235] C. Reuters (der Freitag): Quarantäne-Insel für Moslems (6.2.2014), www.freitag.de/autoren/c-reuters/quarantaene-insel-fuer-moslems, abgerufen am 11.3.2014.

[236] AfD-Landesvorstand M-V begrüßt staatsanwaltliche Ermittlungen (20.2.2014), www.alternative-mv.de/index.php/pressemitteilungen/189-afd-landesvorstand-m-v-begruesst-staatsanwaltliche-ermittlungen.html, abgerufen am 11.3.2014.

[237] Blick nach rechts: Schweriner Weg ohne AfD (24.9.2014), www.bnr.de/artikel/aktuelle-meldungen/schweriner-weg-ohne-afd, abgerufen am 29.11.2014.

[238] Junge Freiheit: AfD-Landeschef verteidigt Zustimmung zu NPD-Antrag, (25.9.2014), http://jungefreiheit.de/politik/deutschland/2014/afd-landeschef-verteidigt-zustimmung-zu-npd-antrag/, abgerufen am 4.12.2014.

5.4 Weitere Fälle

arbeiten mit der NPD nicht zusammen und wir haben keinerlei Kontakte zur NPD oder deren Mitgliedern. Wenn wir einem Antrag der SPD zustimmen, den wir für richtig halten, wird das auch nicht als Zusammenarbeit mit der SPD gesehen. Dies sollte dann auch bei der NPD so gelten.«

Sachsen
Nicht nur aus der *Freiheit*, sondern auch von anderen Gruppierungen des rechten Randes hatte die AfD Sachsen Zulauf: In Chemnitz rief die Ernennung eines Mitglieds aus der Stadtratsfraktion der rechten *Bürgerbewegung pro Chemnitz* zum Schatzmeister der örtlichen AfD öffentliche Auseinandersetzungen hervor. Nach internen Streitereien trat er von diesem Posten wieder zurück.[239] Eine neue politische Heimat fand auch Karl-Heinz Obser bei der AfD, der früher Landeschef der *Deutschen Sozialen Union* (DSU) war und später mit Ex-NPD-Mitgliedern ein »Bündnis für Sachsen« schmieden wollte.[240]

Auch zur Neuen Rechten gab es Berührungspunkte: So warb etwa die AfD Mittelsachsen im Februar 2014 für die Teilnahme an einem »thematischen Stammtisch«: »Blaue Narzisse«-Chefredakteur Felix Menzel werde dabei sein Buch »Junges Europa« vorstellen. »Darin werden Alternativen zu Bürokratismus und Zentralismus der EU entwickelt. Diese Alternativen berücksichtigen die gewachsene regionale Vielfalt und Identität der Völker Europas, weil genau dieses unseren Kontinent ausmacht.«[241]

Im Vorfeld zu den am 31. August 2014 stattgefundenen Landtagswahlen hatte die sächsische AfD auf ihrem Parteitag in Zwickau ein Wahlprogramm erstellt. Unter anderem wurde die Forderung nach »Volksabstimmungen über den Bau von Moscheen mit Minaretten in Sachsen« in das Programm aufgenommen. Eingang fand zudem die Forderung nach einer »Quote für deutschsprachige Musiktitel in Hörfunk und Fernsehen«.[242] Die AfD sprach sich außerdem für permanente Güter- und Personenkon-

---

[239] Weiterer Rücktritt im AfD-Vorstand. Stadtrat Ziems beklagt »SED-Seilschaften«, in: Freie Presse vom 8.2.2014, www.freiepresse.de/LOKALES/CHEMNITZ/Weiterer-Ruecktritt-im-AfD-Vorstand-artikel8700596.php abgerufen am 12.3.2014.
[240] Lasch, Hendrik: Tummelplatz für Populisten: AfD fischt in Sachsen auch am rechten Rand, in: Neues Deutschland vom 24.1.2014.
[241] Thematischer Stammtisch der AfD: Europa oder EU? http://afdsachsen.de/index.php?ct=presse, abgerufen am 12.3.2014.
[242] AfD-Parteitag in Zwickau stellt Weichen für Landtagswahl, in: Lausitzer Rundschau vom 3.3.2014, www.lr-online.de/nachrichten/sachsen/AfD-Parteitag-in-Zwickau-stellt-Weichen-fuer-Landtagswahl;art1047,4504417, abgerufen am 12.3.2014.

5. Rechte Erscheinungsformen in den AfD-Landesverbänden

trollen an deutschen Außengrenzen aus. Mit den drei Forderungen wurden erkennbar deutlich Annäherungen an rechtspopulistische Forderungen vollzogen. Mit dem Verlangen nach Volksabstimmungen über den Bau von Moscheen mit Minaretten in Sachsen fand zudem zum ersten Mal in der Entwicklung der AfD das Thema Moscheebau Eingang in den offiziellen Forderungskatalog der Partei. Dies ist vor allem vor dem Hintergrund von Bedeutung, dass bis dahin diese Forderung nur von rechtspopulistischen Parteien wie der DF, den *Republikanern* und von *pro NRW/pro Deutschland* erhoben worden waren.

Im Wesentlichen von sächsischen AfDlern initiiert wurde im Januar 2014 die Gründung einer »Patriotischen Plattform«, in der sich Vertreter des rechten Flügels der Partei sammeln. Als deren Sprecher tritt AfD-Landesvorstandsmitglied Hans-Thomas Tillschneider in Erscheinung. In der Gründungserklärung der *Patriotischen Plattform* heißt es:
»Wir halten an Deutschland fest:
– an seiner politischen Souveränität gegen alle Versuche, die Kernrechte des Parlaments auf supranationale Organisationen zu übertragen;
– an seiner finanziellen Stabilität gegen alle Versuche, es mit den Folgen der Misswirtschaft anderer Staaten zu belasten;
– an seiner Sprache und Kultur gegen die Herausbildung einer multikulturellen Gesellschaft auf seinem Boden;
– an seiner ökonomischen Stärke, die von der Energiewende bis hin zu einem falsch eingestellten Sozialstaat vielerlei Anfechtung ausgesetzt ist;
– an seinem Sozialstaat, der durch falsche Strukturen, vor allem aber durch massenhafte Einwanderung in die Sozialsysteme zunehmend in Frage gestellt wird.«[243]
Damit weist die *Patriotische Plattform* deutliche Annäherungen an programmatische Forderungen von Rechtsaußenparteien wie etwa den *Republikanern* oder *pro NRW/pro Deutschland* auf.

Bayern
Dass die Basis der AfD deutlich rechts von der auf Bundesebene vorgegebenen Linie positioniert ist, legen die Ergebnisse einer Mitgliederbefragung zur Programmatik der Partei nahe, die der Landesverband Bayern zum Jah-

---
[243] Gründungserklärung der Patriotischen Plattform, www.patriotische-plattform.de/, abgerufen am 12.3.2014.

5.4 Weitere Fälle

reswechsel 2013/2014 durchführte.[244] Die Mitglieder würden »keine weichgespülten Formulierungen« wollen, erklärte Petr Bystron, Vorstand des Ausschusses für Europa- und Außenpolitik der AfD Bayern, im Interview mit dem Magazin *eigentümlich frei*.[245] Bystron: »Wir wollen ›klare Kante‹ kommunizieren.« *Politically Incorrect* (PI) kommentierte: »Die Ergebnisse zu den Islam-Fragen zeigen, dass ein Großteil der AfD-Mitglieder einen islamkritischen Kurs unterstützt, der über die bisher von der Parteispitze geäußerten Bedenken hinausgeht.«[246] 89,6% hätten die Aussage unterstützt, die AfD stelle sich »einer durch Drittstaaten gelenkten und finanzierten Ausbreitung des Islams in Europa, die gegen die freiheitlich-demokratische Grundordnung und den Rechtsstaat gerichtet ist und sich als Eroberung Europas versteht, entgegen«, freute man sich bei PI. Das Internetportal *Endstation Rechts* befand, die Mitglieder des bayerischen Landesverbandes hätten sich für einen »ultrarechten Kurs« ausgesprochen: »Besonders islamfeindliche Thesen finden an der Basis hohe Zustimmung.«[247] Mehr als 90% der Teilnehmer glaubten demnach, »Tendenzen zur Errichtung einer islamischen Theokratie« erkannt zu haben.

Brandenburg
Nicht nur die Ergebnisse der Befragung in Bayern und die Formulierungen im Landtagswahlprogramm in Sachsen (siehe Kapitel 3.3) legen die Vermutung nahe, dass das Bemühen um eine verbale Mäßigung unterhalb der Bundesebene eher kritisch gesehen wird. Auch auf lokaler Ebene: So

---

[244] AfD Bayern: Mitgliederbefragung Europawahl 2014 – Teilauswertung I, www.afdbayern.de/aktuelles/mitgliederbefragung/mitgliederbefragung-europawahl-2014-1-teilauswertung/, abgerufen am 23.1.2014; AfD Bayern: Mitgliederbefragung Europawahl 2014 – Teilauswertung II, www.afdbayern.de/aktuelles/mitgliederbefragung/mitgliederbefragung-europawahl-2014-teilauswertung-2/, abgerufen am 23.1.2014; AfD Bayern: Gesamtauswertung – grafische Darstellung, www.afdbayern.de/gesamtauswertung-grafische-darstellung/, abgerufen am 23.1.2014.
[245] Eigentümlich frei: AfD-Programm: »Die Mitglieder wollen klare Kante!« – Interview mit Petr Bystron (23.1.2014), http://ef-magazin.de/2014/01/23/4876-afd-programm-die-mitglieder-wollen-klare-kante, abgerufen am 6.3.2014.
[246] Politically Incorrect: AfD-Mitglieder wollen islamkritischen Kurs (22.1.2014), www.pi-news.net/2014/01/afd-mitglieder-wollen-islam-kritischen-kurs/, abgerufen am 6.3.2014.
[247] Endstation Rechts: AfD steuert in islamfeindliches Fahrwasser (23.1.2014), www.endstation-rechts.de/news/kategorie/sonstige-1/artikel/afd-steuert-in-islamfeindliches-fahrwasser.html, abgerufen am 8.3.2014.

legte etwa der Kreisverband Dahme-Spreewald ein Wahlprogramm zur Kommunalwahl vor, in dem unter anderem gefordert wurde, die Einrichtung von Asylbewerberheimen müsse an »Volksentscheide« auf Gemeindeebene geknüpft werden.[248]

Wichtiger als solche Forderungen auf lokaler Ebene ist ein Blick auf das Personal der Partei auf Landesebene. So gehören mit Rainer van Raemdonck (1. stellvertretender Vorsitzender) und Thomas Jung (Beisitzer) zwei Mitglieder des AfD-Landesvorstands zu den neuen Abgeordneten im Potsdamer Landtag, die zuvor im Landesvorstand der islamfeindlichen Partei *Die Freiheit* aktiv waren.[249] Van Raemdonck hatte bei der *Freiheit* als stellvertretender Landesvorsitzender fungiert, Jung gar als Chef des Landesverbandes.[250] In den Landtag zog auch der AfD-Kreisvorsitzende in Potsdam-Mittelmark, Steffen Königer, ein. Er war 1999 Landtagswahlkandidat für den rechtspopulistischen *Bund Freier Bürger*[251] und bis 2004 Redakteur der neurechten Wochenzeitung *Junge Freiheit*,[252] für die er auch später noch als Autor in Erscheinung trat.[253]

Baden-Württemberg

Nicht in allen Landesverbänden verlaufen die Trennlinien zwischen einem wirtschaftsliberalen Flügel auf der einen Seite und einem national-konservativ-populistischen Flügel auf der anderen Seite. In Baden-Württemberg

---

[248] AfD Brandenburg (2014): Wahlprogramm für Dahme-Spreewald, www.afd-brandenburg.net/?p=688, abgerufen am 2.4.2014.

[249] Falko Wittig (6.5.213): Brandenburger Partei von Islamfeinden geführt?, www.maz-online.de/Brandenburg/Brandenburger-Partei-von-Islamfeinden-gefuehrt, abgerufen am 2.4.2014. Auch: Frederik Bombosch (23.2.2014): AfD sieht Chancen in Brandenburg, www.berliner-zeitung.de/brandenburg/gruendungswelle-von-kreisverbaenden-afd-sieht-chancen-in-brandenburg,10809312,26319922.html, abgerufen am 2.4.2014.

[250] Sager, Tomas, Blick nach rechts: Rechtsaußen-Konkurrenten (9.9.2014), www.bnr.de/artikel/hintergrund/rechtsau-en-konkurrenten, abgerufen 29.11.2014.

[251] Anton Maegerle (13.11.2003): »Junge Freiheit«-Autoren und ihr politisches Umfeld, www.wallstreet-online.de/diskussion/795879-1-10/aus-gegebenen-anlass-stichwort-junge-freiheit, abgerufen am 2.4.2014.

[252] Junge Freiheit (1.6.2006): Strafanzeige gegen Mitarbeiter der »taz«, jungefreiheit.de/politik/2006/strafanzeige-gegen-mitarbeiter-der-taz-zwei-mitarbeiter-der-wochenzeitung-junge-freiheit-sind-heute-vor-dem-rudi-dutschke-haus-der-tageszeitung-taz-gewalttaetig-angegriffen-worden/, abgerufen am 2.4.2014.

[253] Steffen Königer (8.2.2013): Ein sehr später Sieg, www.jf-archiv.de/archiv13/201307020812.htm, abgerufen am 2.4.2014.

5.4 Weitere Fälle

etwa steht einer wirtschaftsliberal orientierten Mehrheit eine gewichtige Minderheit gegenüber, die eher als christlich-fundamentalistisch einzustufen ist. Der *Spiegel* berichtete über einen Arbeitskreis *Christen in der Alternative für Deutschland* und zitierte dessen Gründerin Martina Kempf, ehemals bei der rechten Splitterpartei *Arbeit Umwelt Familie – Christen für Deutschland* (AUF) aktiv, mit den Worten: »Die AfD bietet als einzige relevante Partei Menschen eine Zuflucht, die an einer Berechtigung der Homo-Ehe und einem schrankenlosen Abtreibungsrecht zweifeln.«[254]

Unter anderem der Existenz dieses fundamentalistischen Flügels dürfte es geschuldet gewesen sein, dass der AfD-Landesverband besonders vehement gegen den »Bildungsplan 2015« der grün-roten Landesregierung Front machte, der vorsah, das Thema Homosexualität im Unterricht zu behandeln und für eine Akzeptanz sexueller Vielfalt zu werben. Landessprecher Bernd Kölmel erklärte, die Regierung plane eine »pädagogische, moralische und ideologische Umerziehungskampagne«.[255] Der *Spiegel* befand, diese Wortwahl sei »noch gemessen, verglichen mit den Schmähungen, die sich AfD-Aktivisten auf lokaler Ebene und im Internet leisten«. Dort würden Schwule auch mal als »Pädophile« und »Perverse« geschmäht. Einer Pressemitteilung der Partei zum Thema hatte die AfD Baden-Württemberg eine Äußerung eines namentlich nicht genannten Vorstandsmitglieds (»Vater zweier noch junger Kinder, eines 1. Klasse, eines im Kindergarten«) vorangestellt, das gegen »Gender-Ideologen« und eine »Umerziehungsideologie« wetterte.[256] Die AfD rief ihre Mitglieder und Unterstützer dazu auf, eine gegen die »pädagogische, moralische und ideologische Umerziehungskampagne« gerichtete Petition »Zukunft – Verantwortung – Lernen: Kein Bildungsplan 2015 unter der Ideologie des Regenbogens« zu unterzeichnen. Auch an Demonstrationen gegen den Bildungsplan nahmen AfD-Unterstützer teil.

---

[254] Spiegel online (Melanie Amann): Erzkonservative in der AfD: Auf Stimmenfang bei Homophoben (18.1.2014), www.spiegel.de/politik/deutschland/homophobie-in-der-afd-auf-stimmenfang-bei-den-erzkonservativen-a-944205.html, abgerufen am 6.3.2014.

[255] Ebd.

[256] Bildungsplan 2015 ablehnen! (15.1.2014), http://blog.alternativefuer-bw.de/1499/1499/, abgerufen am 8.3.2014.

5. Rechte Erscheinungsformen in den AfD-Landesverbänden

Lange Zeit gelang es Vorstandssprecher Kölmel (54), der als Referatsleiter beim Rechnungshof Baden-Württemberg arbeitete[257] und inzwischen dem EU-Parlament angehört, seinen Landesverband aus den öffentlichen Richtungsstreitigkeiten herauszuhalten, die etwa in Hessen oder NRW das Bild der Partei prägten oder gar die Parteiarbeit zu lähmen drohten. Erst bei einem Parteitag im Oktober 2014 suchte er die offene Auseinandersetzung mit den Fundamentalisten in den eigenen Reihen – war aber nur teilweise erfolgreich. Zwar entzogen die Mitglieder dem Stuttgarter AfD-Stadtrat und Landesvorstandsmitglied Heinrich Fiechtner, der vor allem als Kritiker einer Abtreibungsklinik in Stuttgart von sich reden machte, das Vertrauen, doch auch ein Kölmel-Anhänger musste den Vorstand verlassen.[258] Dem Landeschef selbst sprachen lediglich 60% der anwesenden Mitglieder das Vertrauen aus. Selbst in Landesverbänden, die auf den ersten Blick einen stabilen Eindruck vermitteln, gärt es unter der Oberfläche.

---

[257] Badische Zeitung: AfD wählt Landesliste – Einzug in Bundestag erhofft (6.5.2013), www.badische-zeitung.de/suedwest-1/afd-waehlt-landesliste--71661683.html, abgerufen am 6.3.2014.

[258] Soldt, Rüdiger (FAZ): Landesparteitag der AfD – Im munteren Querulantenstadl (6.10.2014), www.faz.net/aktuell/politik/inland/landesparteitag-der-afd-im-munteren-querulantenstadl-13190740.html, abgerufen am 29.11.2014.

6. Die AfD und der rechte Rand

Das Aufkommen und die Wahlerfolge der AfD haben zu unterschiedlichen Reaktionen aus dem Spektrum der extremen und der so genannten Neuen Rechten sowie rechter Kleinparteien geführt. Im folgenden Kapitel werden die Reaktionen der unterschiedlichen Parteien rechts der Union sowie der entsprechenden Publizistik auf den Antritt der AfD zur Bundestagswahl 2013 und die strategischen und taktischen Folgerungen, die sie aus der Entwicklung der AfD entwickeln, in komprimierter Form vorgestellt.

6.1 Reaktionen aus Parteien vom rechten Rand

Bei bundesweiten Wahlen sind extrem rechte Parteien seit Jahren ohne Chance. Die *NPD* erreichte bei der Bundestagswahl 2013 gerade einmal 1,3% (minus 0,2%), leidet unter Finanzproblemen und muss sich seit Längerem mit internen Auseinandersetzungen über strategische Orientierungen beschäftigen. Die *Republikaner* büßten bei der Bundestagswahl mehr als die Hälfte ihrer Stimmen ein und erreichten nur noch 0,2% (minus 0,2%). Die pro-Gruppierungen sind gespalten. Ihr größerer Teil (pro NRW) hatte von einer Teilnahme an der Bundestagswahl abgeraten, die ihr kleinerer Teil *(pro Deutschland)* im Alleingang in Angriff nahm. *Pro Deutschland* kam ebenfalls auf nur 0,2%. Andere rechtspopulistische Formationen wie die *Bürger in Wut* oder *Die Freiheit* kandidierten bei der Bundestagswahl 2013 gar nicht erst.

Für die Parteien der extremen Rechten ist mit der AfD eine zusätzliche Konkurrenz entstanden, die ihr ohnehin schmales Wählerreservoir bedroht – und das mit einem Thema, das zentral zu ihrem Repertoire zählt. Parolen gegen Euro und EU finden sich etwa bei *NPD, Republikanern* und *pro-Parteien* seit Jahren. Es überrascht also nicht, dass Gründung und Entwicklung der AfD im heterogenen Spektrum der extrem rechten Parteien und Organisationen für erhebliche Aufmerksamkeit gesorgt haben.

In Teilen des rechtspopulistischen Spektrums führt das Wahlergebnis vom 22. September 2013 – und nicht zuletzt das Abschneiden der AfD – zu neuen strategischen Überlegungen. So kündigte die Kleinpartei *Die Freiheit* an, ihre bundes- und landespolitischen Aktivitäten würden eingestellt; man beschränke sich auf bereits begonnene kommunalpolitische Ansätze. **Pro Deutschland** will der AfD bei Wahlen aus dem Wege gehen, ohne aber bundes- und landespolitische Ambitionen endgültig aufzugeben. Zugleich setzt *pro NRW* bisher erfolglos die Versuche fort, die Reste des rechtspopulistischen Lagers zu einer Zusammenarbeit zu bewegen – am besten unter der eigenen »Federführung«.

Die *Alternative für Deutschland* setze auch auf Stimmen vom rechten Rand: So fasste das *Handelsblatt* Mitte Mai 2013 ein Interview mit AfD-Chef Bernd Lucke zusammen.[259] »Grundsätzlich ist es gut, wenn jemand uns wählt und nicht die NPD«, zitierte das Blatt Lucke. Er sehe im Einbinden rechter Protestwähler eine Funktion der AfD, denn diese Wähler seien nicht von vornherein extremistisch. »Ohne uns«, so der AfD-Chef, »gäbe es die Gefahr, dass enttäuschte Wähler, die eigentlich gar nicht rechts sind, aus Protest extremistische Parteien wählen«. Stefan Menzel, der stellvertretende Chefredakteur von *Handelsblatt Online*, kommentierte, Lucke »setzt darauf, dass er auch am rechtsextremen Rand bei der NPD nach Wählern fischen kann. Eine schreckliche Perspektive – die AfD marschiert mit Volldampf los aus dem Spektrum der demokratischen Parteien«.[260]

NPD

Die NPD befindet sich – wieder einmal – in einer Krise. Finanziell ist sie fast schon traditionell klamm. Intern beschäftigt sie ein Streit über die strategische Ausrichtung. Der Versuch des ehemaligen, inzwischen zurück- und aus der Partei ausgetretenen Parteivorsitzenden Holger Apfel, der NPD mit seinem Konzept einer »seriösen Radikalität« ein gemäßigter wirkendes äußeres Erscheinungsbild zu verordnen, kann als gescheitert gelten. Im Westen der Republik leidet die Partei unter erheblichen Mobilisierungsproblemen.

Uwe Meenen, damals stellvertretender Landesvorsitzender in Berlin, skizzierte kurz nach der Gründung der AfD die Sorge, die manchen NPD-Funktionär umtrieb: »Der NPD dürften erst einmal kurzfristig die bür-

---

[259] Handelsblatt (15.5.2013): Wahlkampf – AfD-Chef will NPD-Wähler gewinnen, www.handelsblatt.com/politik/deutschland/wahlkampf-afd-chef-will-npd-waehler-gewinnen/8209858.html, abgerufen am 25.8.2013.
[260] Handelsblatt (15.5.2013): Was vom Tage bleibt – Unangenehmes von Deutschlands neuer Partei, www.handelsblatt.com/meinung/kolumnen/was-vom-tage-bleibt/was-vom-tage-bleibt-unangenehmes-von-deutschlands-neuer-partei/8212684.html, abgerufen am 25.8.2013.

6.1 Reaktionen aus Parteien vom rechten Rand

gerlichen Protestwähler abhanden kommen.«[261] Beileibe nicht alle Wähler der NPD sind ideologisch auf die Partei fixiert. Unter ihnen dürfte es nicht wenige geben, die landläufig als »Protestwähler« bezeichnet werden. Manchen von ihnen dürfte die AfD als das erscheinen, was Apfel als Ziel bloß proklamiert hatte: »seriös-radikal« zu sein. Und vor allem: Absehbar deutlich bessere Wahlergebnisse und die mediale Beachtung, die die AfD erfährt, könnten einige veranlassen, ihr Kreuz nicht mehr bei der NPD, sondern bei der neuen Partei zu machen, weil dies ein »Protest«-Votum kenntlicher erscheinen lässt. Konterkariert wurde durch das Auftauchen der AfD zudem der Versuch der NPD, sich als die Anti-EU- und Anti-Euro-Partei schlechthin darzustellen.

Das NPD-Präsidium wertete das Bundestagswahlergebnis 2013 von 1,3% als Zeichen der »Stabilisierung« der Partei.[262] Der nordrhein-westfälische Landesvorsitzende Claus Cremer zeigte sich »zufrieden« mit ihrem Abschneiden, »bedenkt man den medialen Hype um die Protestkanalisationspartei AfD und die andauernden Diffamierungen der NPD in Bezug auf das NSU-Terror-Märchen und das Verbotsgerede«.[263] In Abgrenzung zur AfD meinte die NPD, sie selbst sei im Wahlkampf die einzige Partei gewesen, »die mit ihrer klaren Losung ›D-Mark statt Euro-Pleite« aufzeigte, was getan werden muß, um der Euro-Krise zu entgehen«.

Das NPD-Präsidium attestierte der »sogenannten ›Alternative für Deutschland‹« nach der Bundestagswahl eine »vollmundige Ankündigungsrhetorik«. Sie sei »eine Partei des ›Status Quo‹ und eben nicht eine wirkliche Alternative«. Im Wahlkampf habe man die »mediale Inszenierung einer Scheinalternative« erlebt.

Ähnlich hatte es bereits vor der Wahl vom 22. September geklungen. So griff etwa der sächsische Landtagsabgeordnete Jürgen Gansel, der als einer der »Vordenker« innerhalb der Partei bezeichnet werden kann, Mitte Mai 2013 ein Interview des AfD-Vorsitzenden Bernd Lucke auf, das unter der Überschrift »AfD will nicht zurück zur D-Mark« in der *Frankfurter Allgemei-*

---
[261] Alternative Systempartei für Deutschland? (15.4.2013), http://wohin-deutsche-rechte.de/?p=320, abgerufen am 1.9.2013.
[262] NPD: Mit Zuversicht ins Superwahljahr 2014! (23.9.2013), www.npd-presse.de/2013/09/23/mit-zuversicht-ins-superwahljahr-2014/, abgerufen am 23.9.2013.
[263] Erste Stellungnahme/Erster Kommentar zur Bundestagswahl 2013 des Landesvorsitzenden der NPD-NRW, Claus Cremer (23.9.2013), www.npd-presse.de/2013/09/23/erste-stellungnahme-erster-kommentar-zur-bundestagswahl-2013-des-landesvorsitzenden-der-npd-nrw-claus-cremer/, abgerufen am 7.3.2014.

6. Die AfD und der rechte Rand

nen *Sonntagszeitung* erschienen war. Luckes Äußerung: »Nicht Deutschland soll den Euro verlassen, sondern die südeuropäischen Staaten«, kommentierte Gansel mit den Worten: »Allerspätestens damit entlarvt sich diese Partei aus gefrusteten FDP- und CDU-Leuten als windelweiche Scheinopposition, die nur die systemstabilisierende Funktion hat, Wählerwanderungen zur authentischen Anti-Euro-Partei NPD zu verhindern.«[264] Gansel monierte, dass Lucke bereits zuvor erklärt habe, das deutsche Asylrecht sei ihm zu scharf und »Asylanten« müssten ein Recht auf Arbeit haben. Außerdem habe er »ausgerechnet die Euro-Fanatiker Helmut Kohl und Hans-Dietrich Genscher zu den politischen Leitsternen seiner Partei« gezählt. Lucke, so Gansel weiter, sei ein »Anpasser«, der sich nun »auch noch von der Forderung nach Rückkehr zur Deutschen Mark als Garanten von Volkswohlstand und nationaler Währungssouveränität« verabschiede. Die AfD sei »für jeden nationalgesinnten Deutschen unwählbar!«

Ende Mai 2013 beschäftigte sich Ronny Zasowk, der im NPD-Präsidium für das »Amt Bildung« verantwortlich zeichnet, auf der Internetseite der Partei unter der Überschrift »Danke, AfD! Die pseudo-eurokritische Mogelpackung hat sich selbst entlarvt« mit der AfD.[265] Zasowk sprach von einer »Selbstentlarvung in Rekordzeit!« So schnell hätten sich »nicht einmal die Piraten als sich anbiedernde Systempartei herausgestellt«. Zasowk weiter: »Die anfangs als Anti-Euro-Partei gestartete ›Alternative für Deutschland‹ (AfD), die sich zuerst für den Ausstieg aus dem Euro stark machte und davon bereits wenige Wochen später nichts mehr wissen wollte, die nun nicht mehr den Austritt Deutschlands aus der Euro-Zone fordert, sondern lediglich die kriselnden Südstaaten aus dem Euro-Raum ausschließen möchte, hat sich nun noch mehr den etablierten Parteien als potentieller Steigbügelhalter angedient.« Die AfD sei »keine Alternative für Deutschland, sondern lediglich eine Mogelpackung zur Kanalisierung des berechtigten Anti-Euro-Protests im deutschen Volk«.

Ähnlich sah das die Thüringer NPD. Sie stellte die AfD als »Alternative für Karrieristen und Wählertäuscher« dar.[266] Auf Wahlplakaten mit Slogans

---

[264] »AfD will nicht zurück zur D-Mark« (19.5.2013), zitiert nach www.ex-k3-berlin.de/?p=60740, abgerufen am 1.9.2013.

[265] Ronny Zasowk: Danke, AfD! Die pseudo-eurokritische Mogelpackung hat sich selbst entlarvt (31.5.2013), zitiert nach www.npd-niedersachsen.de/index.php/menue/58/thema/69/id/3565/Aktuelles.html, abgerufen am 7.3.2014.

[266] NPD Thüringen: AfD – Die Alternative für Karrieristen und Wählertäuscher (16.8.2013), www.npd-thueringen.de/?p=2795, abgerufen am 1.9.2013.

6.1 Reaktionen aus Parteien vom rechten Rand

wie »Wir sind nicht das Weltsozialamt!« oder »Mut zur Wahrheit – Raus aus diesem Euro« stelle die AfD Forderungen auf, »die seit vielen Jahren von den Nationaldemokraten erhoben werden und in der bundesdeutschen Parteienlandschaft zu regelmäßigen Anfeindungen gegen die NPD führen«. Die Thüringer NPD lenkte den Blick auf das Personal der AfD, das teils aus »CDU, SPD und anderen Parteien des etablierten Mainstreams« stamme, teils für die »tonangebenden politischen Meinungsmacher in dieser Republik« gearbeitet habe. Inzwischen würden diese »Männer und Frauen, die vorher unterschiedliche politische Ansichten pflegten, sich plötzlich in einer Partei wiederfinden, die Positionen vertritt, wie sie vorher nur von der NPD zu hören waren«. Die NPD Thüringen schließt die Frage an: »Könnte hier nicht der Verdacht entstehen, daß mit der Alternative für Deutschland nur rechtskonservatives bis nationalistisches Wählerpotenzial abgeschöpft werden soll?«

Indirekt hoffte die NPD gleichwohl, trotz aller Abgrenzungen der neuen Partei vom rechten Rand vom Auftreten der AfD profitieren zu können. »Natürlich ungewollt« komme ihr »eine Eisbrecher- und Türöffner-Funktion für die viel weitergehende EU-Kritik der NPD zu«, erklärte NPD-Pressesprecher Frank Franz im April 2013.[267] Die AfD verfüge »nicht zuletzt durch ihre angesehene Professoren-Riege über den Medienzugang, den die NPD noch nicht hat«. Wohlwollende Berichterstattung in vielen Zeitungen und Talkshow-Auftritte von Lucke würden für die Euro-Kritik eine Breitenwirkung schaffen, »die die NPD aus eigener Kraft gar nicht erzielen könnte«. Franz: »Lucke schlägt große Löcher in die bisherige Schweigemauer, die um die nationalen Euro-Kritiker errichtet wurde. Er macht Positionen massenmedial salonfähig, die die NPD als authentische Anti-Euro-Partei schon immer vertreten hat.« Das Fazit des NPD-Sprechers: »In puncto Popularisierung der Euro-Kritik bleibt es dabei, daß die ›Alternative für Deutschland‹ für uns Nationaldemokraten die Rolle des nützlichen Wegbereiters spielt!«

Dabei gibt es durchaus auch selbstkritische Stimmen, die eigene Defizite ins Blickfeld rücken. Sie scheinen in der NPD aktuell aber in einer Minderheitsposition zu sein. Karl Richter, der bei der Nominierung der Europawahlkandidaten nicht berücksichtigte stellvertretende Parteivorsitzende,

---

[267] NPD über die »Alternative für Deutschland«: Wichtige Eisbrecher- und Türöffner-Funktion für die nationaldemokratische Euro- und EU-Kritik (9.4.2013), www.npd-presse.de/2013/04/09/npd-uber-die-alternative-fur-deutschland-wichtige-eisbrecher-und-turoffner-funktion-fur-die-nationaldemokratische-euro-und-eu-kritik/, abgerufen am 1.9.2013.

gehört zu der Gruppe der innerparteilichen Kritiker. In einem Interview mit der extrem rechten Internetseite *Sache des Volkes* erklärte er im Januar 2014:[268] »Hätte die NPD das Feld in der Vergangenheit erfolgreicher besetzt, gäbe es heute keine AfD, die ihr Wählerstimmen abspenstig machen kann.« Zwar seien AfD und NPD nicht austauschbar und die AfD werde auch niemals eine »echte nationale Alternative«, weil sie »zum Beispiel in Sachen Islamisierung und Überfremdungspolitik völlig naiv, ja geradezu realitätsfremd argumentiert«. Das sei aber nur die halbe Wahrheit so Richter: »Die NPD hat den Bogen nicht hinbekommen, ein breites bundesdeutsches Wählerpublikum – mit all seinen Defiziten und Verformungen – für einen modernen Patriotismus anzusprechen.« Dies sei der vieldiskutierte Unterschied zur FPÖ. »Leider verstehen viele eigene Parteimitglieder nicht, daß man nicht zum Verräter an der deutschen Sache wird, wenn man sie moderner, zeitgemäßer, bürgernäher zu verpacken versucht. Viele wollen das gar nicht. Viele wollen nicht aus dem selbstgewählten Ghetto einer Partei am rechten Rand heraus, in dem man sich behaglich eingerichtet hat.« Die Programmatik der NPD sei richtig. Richter weiter: »Ihr Erscheinungsbild, ihre Öffentlichkeitsarbeit, nicht zuletzt ihr Selbstverständnis muß aber schnellstmöglich bürgernäher, zeitnäher, offener und nicht zuletzt sympathischer werden. Schwarzweißrote Schlagetots wird niemand wählen.«

Eine größere Bündnisfähigkeit seiner Partei strebt offenbar auch Andy Knape, der Bundesvorsitzende der NPD-Nachwuchsorganisation *Junge Nationaldemokraten* (JN), an: »Wer im Europaparlament arbeiten will, braucht das Bündnis mit FPÖ, Front National und anderen Rechtsparteien!«, wird er auf einer Internetseiten der JN zitiert.[269] Welche Veränderungen dafür bei der NPD, die bisher auf europäischer Ebene so isoliert ist wie die griechische *Goldene Morgenröte* oder die ungarische *Jobbik-Partei*, erforderlich wären, beschreibt er nicht. Die AfD kritisiert er aber in seinem Beitrag wegen deren Abgrenzung nach rechts außen: »Gewählte Landesvorstandsmitglieder, die man ›zu rechts‹ findet, werden abgesetzt. Parteichef Lucke erklärt, mit EU-Skeptikern aus anderen Ländern nicht zusammenarbeiten zu wollen.« Viele AfD-Mitglieder sähen sich zudem »einer Antifa von außen und einer Antifa von innen ausgesetzt«.

---

[268] SdV-Gespräch mit Karl Richter (NPD) über dessen Kandidatur zur Europawahl 2014 (2.1.2014), sachedesvolkes.wordpress.com/2014/01/02/sdv-gesprach-mit-karl-richter-npd-uber-dessen-kandidatur-zur-europawahl-2014/, abgerufen am 2.3.2014.

[269] Andy Knape: Gedanken zur AfD (20.2.2014), aktion-widerstand.de/andy-knape-gedanken-zur-afd/, abgerufen am 7.3.2014.

6.1 Reaktionen aus Parteien vom rechten Rand

Im Zusammenhang mit der Europawahl 2014 forderte der NPD-Landesvorsitzende von Nordrhein-Westfalen Claus Cremer, seine Partei müsse noch deutlicher herausstellen, »daß nur die NPD nicht nur den Euro, sondern auch die EU als völker- und freiheitsfeindliches Gebilde ablehnt«. »Auch muß für uns Nationalisten klar sein, daß nicht nur die Eurofrage die Probleme lösen wird, sondern daß hier ganzheitliche Politikansätze zum Tragen kommen müssen.« Was damit gemeint sein könnte, verdeutlichte das NPD-Präsidium in einer Erklärung: »Die einzige Partei, die konsequent für einen Ausstieg aus dem Euro steht, ist die NPD, denn nur sie will zurück zur D-Mark! Und vor allem ist die NPD die einzige echte Anti-Überfremdungspartei – auf diese Kernkompetenzen und Alleinstellungsmerkmale gilt es, sich künftig noch stärker zu konzentrieren!«[270]

Ähnlich wie im Bundestagswahlkampf dürften als strategische Option auch in Zukunft provokative Kampagnen der NPD gegen Migranten, den Islam und demokratische Politiker, die angeblich eine »Überfremdung« vorantreiben, zu erwarten sein.

Republikaner (REP)

Die *Republikaner* waren in der Geschichte der Bundesrepublik – bei der Europawahl 1989 – die einzige extrem rechte Partei, die bei einer bundesweiten Wahl die Sperrhürde von 5% überwinden konnte. In den letzten zwei Jahrzehnten befindet sich die Partei in einem kontinuierlichen Niedergang. In weiten Teilen des Landes ist sie ohne Basis.

Die Republikaner büßten bei der Bundestagswahl 2013 mehr als die Hälfte ihrer Stimmen ein (von 193.396 auf 91.660) und erreichten nur noch 0,2%. Nur in zehn der 16 Bundesländer gelang es, Listen aufzustellen und die erforderlichen Unterstützungsunterschriften vorzulegen. In einer sehr knapp gehaltenen Erklärung zum Ausgang der Wahl wurde der REP-Vorsitzende Rolf Schlierer mit den Worten zitiert: »Das Wahlergebnis stellt für die Republikaner einen absoluten Tiefpunkt dar, daran gibt es nichts schönzureden.«[271]

Was die Bewertung der AfD betrifft, habe sie »zahlreiche, zum Teil schon lange vertretene Positionen der Republikaner medienwirksam übernom-

---

[270] Deutsche Stimme aktuell: Mit Zuversicht ins Superwahljahr 2014! (23.9.2013), http://ds-aktuell.de/?p=3356, abgerufen am 7.3.2014.

[271] Die Republikaner: Republikaner analysieren Wahlniederlage (23.9.2013), www.rep.de/content.aspx?ArticleID=43297457-4245-4f03-aaf5-3fb9627983ad&ObjectId=4098eb7d-f7c8-44be-88de-63865bdd645e, abgerufen am 2.10.2013.

men und damit Wähler mobilisieren und von den Republikanern abziehen können«, hieß es nach der Wahl. Bereits knapp vier Wochen vor dem Gründungsparteitag der AfD Anfang 2013 erschien auf der Internetseite der Republikaner ein Beitrag, der sich mit der neuen Formation beschäftigte.[272] »Es bedarf keiner neuen Partei in diesem Lande, da all die Forderungen der ›Alternative...‹ bereits genau so von der Partei Die Republikaner (...) erhoben werden«, hieß es dort. Nötig sei vielmehr ein »Zusammenschluß aller rechtskonservativen Parteien Deutschlands«. Und rhetorisch wurde gefragt: »Besteht Deutschland nur aus Sektierern, denen es nicht um das Land als Gesamtheit geht, sondern um die eigene Profilneurose?«

Trotz der Kritik nahm mit dem stellvertretenden Bundesvorsitzenden Detlev Stauch ein hochrangiger REP-Funktionär am AfD-Parteitag am 15. April 2013 in Berlin teil. Der Bericht der Partei über Stauchs Besuch wurde unter der Überschrift »REPs unterstützen neue Partei AfD« veröffentlicht.[273] Die Republikaner hätten sich bei der Veranstaltung »für den gemeinsamen Kampf gegen eine drohende EU-Diktatur eingesetzt«, hieß es dort. Stauch habe zu einer möglichen Kooperation mit der AfD in einem »Interview« gegenüber dem *Bayerischen Rundfunk* erklärt: »Unsere gemeinsame Ebene ist der Kampf gegen den Euro, der Kampf gegen den Verfall unserer Werte durch die Europäische Union.«

Die AfD zeigte in der Folge freilich kein Interesse an einem »gemeinsamen Kampf« oder an einer Suche nach einer »gemeinsamen Ebene« mit den *Republikanern*. Seither fand die AfD in den offiziellen Mitteilungen der Partei nur noch selten Erwähnung. Den REP ging es vielmehr darum, sich selbst als Alternative mit einer deutlich breiteren Programmatik darzustellen. So hieß es Anfang Mai 2013 in einer Pressemitteilung zur erfolgreichen Sammlung von Unterstützungsunterschriften in Baden-Württemberg mit Blick auf den bevorstehenden Wahlkampf: »Inhaltlich werden sich die Republikaner mit der Wohlstandsvernichtung durch den Euro, der mit Hilfspaketen und Rettungsschirmen zur dauerhaften Umverteilungsmaschinerie zu Lasten Deutschlands geworden ist, der besonderen Belastung Baden-Württem-

---

[272] Die Republikaner: Zusammenschluß aller rechtskonservativen Parteien (20.3.2013), www.rep.de/?ArticleId=43297457-4245-4f03-aaf5-3fb9627983ad&ObjectChildId=227a9aef-9743-4cfc-b565-5fb8adebb634, abgerufen am 1.9.2013.

[273] Die Republikaner: REPs unterstützen neue Partei AfD (15.4.2013), www.rep.de/?ArticleId=43297457-4245-4f03-aaf5-3fb9627983ad&ObjectChildId=5015bf7a-37f1-412d-98fb-fc858702a483, abgerufen am 1.9.2013.

6.1 Reaktionen aus Parteien vom rechten Rand

bergs durch den Länderfinanzausgleich sowie der Einwanderungs- und Integrationspolitik mit der aktuellen Asylproblematik befassen.«[274]

Die AfD erschien hingegen in den Veröffentlichungen der Republikaner als im Grunde genommen politikunfähige Partei, die zu wichtigen Themenfeldern nichts zu sagen wusste. Nach einer Diskussionsveranstaltung in Berlin hieß es am 21. Juni 2013 auf der Internetseite der Republikaner unter der Überschrift »Ökonomischer Wasserkopf«: »Den Euro-Kritikern um Professor Lucke von der ›Alternative für Deutschland‹ (AfD) scheint es weniger um einen grundsätzlichen Politikwechsel zu gehen. Vielmehr scheinen die Professoren vor allem die korrekte Anwendung ihres ökonomischen Lehrbuchwissens zu verlangen. Wie ist es denn sonst zu verstehen, dass man (...) zwar allerhand ökonomisches Expertenwissen serviert bekam, dass aber andererseits von den entscheidenden Fragen nach Demokratie, Freiheit und Identität in Europa keine Rede war?«[275]

Die Republikaner traten bei der Europawahl 2014 an, allerdings teilweise mit neuem und weithin unbekanntem Personal aus der zweiten Reihe der Partei.[276] Eine Wahlteilnahme war für die Republikaner nicht nur wichtig, um zu beweisen, dass man als Partei noch handlungsfähig ist. Und es ging auch um Finanzen: Die Partei erreichte mit 109.856 Stimmen einen Stimmenanteil von 0,4%, damit dürften sie schon sehr bald ernsthafte finanzielle Probleme quälen – denn erst mit einem Ergebnis von mindestens 0,5% hätten sie neuerlich einen Anspruch auf Gelder aus der staatlichen Parteienfinanzierung erworben.

Bürgerbewegung pro Deutschland
Die rechtspopulistische Partei *Bürgerbewegung pro Deutschland* hat sich aus der *Bürgerbewegung pro Köln* heraus entwickelt. Anders als die ehemalige Schwesterpartei *Bürgerbewegung pro NRW* verfolgte sie von Anfang an einen bundesweiten Ansatz. Bei den Wahlen, zu denen sie bisher

---

[274] Die Republikaner: Republikaner treten zur Bundestagswahl in Baden-Württemberg an (7.5.2013), www.rep.de/?ArticleId=43297457-4245-4f03-aaf5-3fb9627983ad&ObjectChildId=204138b4-5cbd-4fa2-a2d7-8e04f21a4040, abgerufen am 1.9.2013.

[275] Die Republikaner: Ökonomischer Wasserkopf (21.6.2013), www.rep.de/?ArticleId=43297457-4245-4f03-aaf5-3fb9627983ad&ObjectChildId=19d354d5-517c-4f1b-9d64-902faa4ce2fd, abgerufen am 1.9.2013.

[276] Blick nach rechts: REP-Kandidaten aus der zweiten Reihe (25.11.2013), www.bnr.de/artikel/aktuelle-meldungen/rep-kandidaten-aus-der-zweiten-reihe, abgerufen am 7.3.2014.

antrat, scheiterte die Formation, die lediglich in Berlin einen eigenständigen Landesverband unterhält. Bei der Wahl des Berliner Abgeordnetenhauses kam sie im September 2011 auf 1,2%, bei der Bundestagswahl 2013 auf 0,2%.

Die AfD habe offenbar »das gesamte derzeit mobilisierbare freiheitliche Wählerpotential aufgesogen«, hieß es in einer Erklärung des pro D-Vorsitzenden Manfred Rouhs zur Bundestagswahl.[277] Rouhs: »Ohne den AfD-Effekt hätten wir zumindest mit einem Achtungserfolg in Sichtweite der symbolisch wichtigen Marke von einem Prozent rechnen dürfen.« »Genau richtig« liege die AfD, wenn sie den Ausstieg Deutschlands aus dem Euro fordere, erklärte Rouhs. »Falsch liegt sie mit der Forderung nach mehr Zuwanderung in den deutschen Arbeitsmarkt und dem Recht auf Arbeit für Asylbewerber.« Solche Positionen ließen »den neo-liberalen, globalisierungsfreundlichen Kern der Ideologie derer erkennen, von denen die finanziellen Zuwendungen kommen, die den schnellen Aufstieg der AfD möglich gemacht haben«. Die AfD, so der pro D-Vorsitzende, werde »entweder von den Altparteien erfolgreich aus dem Wettbewerb gedrängt werden und verschwinden oder sich in das etablierte Parteiengefüge einordnen und dadurch überflüssig werden«.

Vor der Wahl hatte pro Deutschland-Generalsekretär Lars Seidensticker im August 2013 im Interview mit dem Preußischen Anzeiger erklärt, er denke, »dass niemand in die bundesweiten Medien kommt, der von der etablierten Politik nicht gewollt ist«.[278] Er stellte die AfD als Instrument der etablierten Politik dar. »Meiner Meinung nach steht die Stimmung vieler Wähler auf der Kippe, eine rechte Partei zu wählen. Da dies von den Altparteien nicht gewünscht ist, schafft man ein Ventil und lässt die AfD als Seifenblase steigen, um sie spätestens nach der Bundestagswahl platzen zu lassen.« Ziel sei »die Verunsicherung von Protestwählern, die sich dann enttäuscht wieder den Altparteien zuwenden oder, was diesen ebenfalls nutzt, in die Wahlenthaltung flüchten«.

Rouhs kündigte nach der Bundestagswahl den weiteren Auf- und Ausbau seiner Formation an, die bisher über den Status einer Kleinstpartei nicht

---

[277] Bürgerbewegung pro Deutschland: 74.311 Stimmen pro Deutschland (23.9.2013), www.pro-deutschland.de/index.php?option=com_content&view=article&id=705:74311-stimmen-pro-deutschland&catid=14, abgerufen am 2.10.2013.

[278] Zitiert nach www.reconquista-europa.com/showthread.php?114109-Tourplan-ProDeutschland-Unterwegs-im-Bundestagswahlkampf-2013&p=362417#post362417, abgerufen am 24.8.2013.

6.1 Reaktionen aus Parteien vom rechten Rand

hinausgekommen ist.»Das Aufkommen der AfD verändert die parteipolitische Situation, das können und werden wir nicht ignorieren«, erklärte er drei Tage nach der Wahl.[279] In seiner ersten Erklärung hatte er durchblicken lassen, was das konkret bedeutet:»Bei Wahlen kandidieren wir nur dort, wo wir den Effekt des Aufsaugens unseres Wählerpotentials durch die AfD nicht befürchten müssen.« Grundsätzlich will er aber am Ziel festhalten,»Deutschland auch auf der parlamentarischen Ebene politisch zu erneuern: kommunal, in den Landtagen und irgendwann – hoffentlich nicht zu spät – auch bundesweit«.

Bürgerbewegung pro NRW
Pro NRW ist eine rechtspopulistische Partei, die ihre Arbeit bisher auf Nordrhein-Westfalen konzentriert hat. Gleichwohl kandidierte sie am 25. Mai 2014 bei der Europawahl und damit erstmals auch außerhalb von NRW. Sie erhielt 54.456 Stimmen (0,2 %).

Der *pro NRW*-Vorsitzende Markus Beisicht kritisierte in seinem Rückblick auf die Bundestagswahl 2013 die ehemalige Schwesterpartei *pro Deutschland*.[280] »Vorschnell« habe sie an der Wahl teilgenommen und »selbst in ihrer vermeintlichen Hochburg Berlin ein Ghettoergebnis von 0,3% erzielt«. Beisicht attestierte AfD-Chef Lucke, einen »bemerkenswerten Achtungserfolg« errungen zu haben. Zwischen *pro NRW* und der AfD gebe es »nur teilweise Überschneidungen«, hob Beisicht in seiner Wahlanalyse hervor. Insbesondere auf einem Politikfeld sieht er einen Vorsprung seiner Partei: »Wer in ganz Deutschland die Islam- und Zuwanderungskritik stärken will, muss [...] unseren Weg unterstützen.«

Pro NRW vermied es lange Zeit, in offiziellen Verlautbarungen auf die AfD einzugehen. Eine der wenigen öffentlichen Äußerungen eines *pro*-Funktionärs aus der ersten Aufbauphase der AfD stammt von Markus Wiener, dem Generalsekretär von *pro NRW*. Bei einer Kundgebung Anfang Mai 2013 in Bonn sagte er, seine eigene Partei sei »Vorreiter der Euro-Kritik hier in

---

[279] Bürgerbewegung pro Deutschland: Vorstand berät über Wahlergebnis (25.9.2013), www.pro-deutschland.de/index.php?option=com_content&view=articl e&id=706:vorstand-beraet-ueber-wahlergebnis&catid=14, abgerufen am 2.10.2013.

[280] Bürgerbewegung pro NRW: Interview mit Markus Beisicht zum Ausgang der Bundestagswahl (23.9.2013), http://pro-nrw.net/interview-mit-markus-beisicht-zum-ausgang-bundestagswahl/, abgerufen am 2.10.2013.

Deutschland«.[281] Man habe schon die Rückkehr zur D-Mark gefordert, »als andere noch in der CDU ihr Süppchen kochten«. Schon vor Jahren habe man »all das gefordert, was manche schlaue Sprücheklopfer heute in Talkshows absondern«. Intensiv – und fast durchweg negativ – nahm sich das *pro NRW* sehr nahe stehende Internetblog *freiheitlich.me* der AfD an.

Beisicht rief die *pro Deutschland*-Spitze nach der Bundestagswahl dazu auf, aus dem Wahlergebnis »die notwendigen Schlüsse (zu) ziehen und diese Splitterpartei zu gegebener Zeit in ein freiheitliches Sammlungsprojekt unter der Federführung von Pro NRW und Pro Köln« zu überführen. Einer »neuen Sammlungsbewegung« sollten sich auch *Republikaner* und *Die Freiheit* anschließen. Beisicht: »Gerade die sich abzeichnenden Veränderungen in der bundesdeutschen Parteienlandschaft geben uns ausreichend Platz, ein freiheitliches bzw. rechtspopulistisches Korrektiv zu den verbrauchten Altparteien parlamentarisch zu verankern.« Auch mit der Partei *Bürger in Wut* wolle man Möglichkeiten einer eventuellen Zusammenarbeit ausloten. Alle drei von Beisicht genannten Parteien sind freilich auf seine Avancen bisher nicht eingegangen.

Bürger in Wut (BIW)
Bürger in Wut sind eine rechte Kleinpartei mit Schwerpunkt in Bremen, wo die Partei in der Bürgerschaft vertreten ist.[282] Zur Bundestagwahl 2013 und auch bei der Europawahl 2014 kandidierte BIW nicht.

Als »enttäuschend« wertete BIW das Bundestagswahlergebnis 2013 der AfD[283] – insbesondere vor dem Hintergrund der Medienpräsenz der »Alternative«: »Noch nie in der Geschichte der Bundesrepublik Deutschland hatte eine gerade erst gegründete bürgerliche Kleinpartei noch dazu im Vorfeld einer Bundestagswahl soviel mediale Aufmerksamkeit erfahren wie die ›Alternative für Deutschland‹«. BIW bescheinigt der AfD eine »unklare und widersprüchliche Haltung« in Sachen Euro. BIW spreche sich »ohne

---
[281] Rainer Roeser (blick nach rechts): »Großkundgebung« fiel etwas kleiner aus (6.5.2013), www.bnr.de/artikel/aktuelle-meldungen/grosskundgebung-fiel-etwas-kleiner-aus, abgerufen am 1.9.2013.
[282] Siehe auch Kapitel 2.3.
[283] Bürger in Wut: Bundestagswahl 2013: Die Zeichen stehen auf große Koalition – Union im strategischen Dilemma – AfD verfehlt Bundestagseinzug (23.9.2013), http://buerger-in-wut.de/blog,256,bundestagswahl-2013-die-zeichen-stehen-auf-grosse-koalition, abgerufen am 7.3.2014.

6.1 Reaktionen aus Parteien vom rechten Rand

Wenn und Aber für die Wiedereinführung der D-Mark aus«.[284] Die *Bürger in Wut* sähen zudem die AfD »schon wegen ihrer Positionen in der Zuwanderungs- und Integrationspolitik nicht als eine konservative, sondern als eine (rechts-)liberale Partei an«. BIW beharrt darauf, »dass Deutschland kein Einwanderungsland ist!« Der »Alternative« wurde außerdem vorgehalten, dass sie sich in ihrem Wahlprogramm weder zum Thema Innere Sicherheit noch zum Islam geäußert habe. Angesichts der »sehr heterogen zusammengesetzten Mitgliederbasis« erwartete BIW bei der Konkretisierung des AfD-Parteiprogramms »Stoff für heftige Kontroversen«.

An eine Aufgabe der Eigenständigkeit wie bei der *Freiheit* wird offenbar bei *Bürger in Wut* nicht gedacht. *Bürger in Wut* seien »die einzige bürgerlich-konservative Kraft in Deutschland, die in einem Landesparlament vertreten ist. Und wir werden unsere Arbeit engagiert fortsetzen, denn gerade im Zeichen der großen Koalition und einer zunehmend nach links driftenden Republik ist eine auch parlamentarisch verankerte Vereinigung wie BIW mehr denn je erforderlich!«

Die Freiheit (DF)
Die Freiheit erlebte ihre kurze Blütezeit vom Herbst 2010 bis September 2011.[285] Parteichef René Stadtkewitz galt kurze Zeit als Hoffnungsträger der bundesdeutschen Rechtspopulisten. *Der Spiegel* stellte ihn gar unter der Überschrift »Der deutsche Geert«[286] seinen Lesern vor – und zog damit Parallelen zum niederländischen Rechtspopulisten Geert Wilders, dem erfolgreichen Chef der *Partij voor de Vrijheid*. Den hohen Erwartungen wurde *Die Freiheit* bei ihren ersten Wahlantritt nicht gerecht. In Berlin, wo Stadtkewitz zuvor für die CDU dem Abgeordnetenhaus angehört hatte, blieb die Partei im September 2011 bei unter einem Prozent. In der Folge scheiterten Versuche, bei den Landtagswahlen in Schleswig-Holstein und NRW anzutreten. Die Mitgliederzahl halbierte sich bis Mitte 2012 auf 1.200. Im

---

[284] Bürger in Wut: BIW und AfD: Zu den inhaltlichen Unterschieden – Kontroverse um die politischen Forderungen der »Alternative für Deutschland« (30.9.2013), unter http://buerger-in-wut.de/blog,259,biw-und-afd-zu-den-inhaltlichen-unterschieden, abgerufen am 7.3.2014.
[285] Näher zur Partei siehe Kapitel 2.2.
[286] Der Spiegel: Parteien – Der deutsche Geert (3.1.2011), www.spiegel.de/spiegel/print/d-76121052.html, abgerufen am 1.9.2013.

Oktober 2013 sollen es nur noch 750 gewesen sein.[287] Bei der niedersächsischen Landtagswahl im Januar 2013 erfüllte die Partei zwar die Voraussetzungen für eine Kandidatur, blieb aber mit 0,3% erneut weit hinter den eigenen Erwartungen zurück. Bei der Bundestagswahl im September 2013 stand sie nicht auf den Stimmzetteln. Bei der Landtagswahl in Bayern im selben Monat erhielt sie lediglich 0,1% der Wählerstimmen.

In einem Schreiben an die Mitglieder nach der Bundestagswahl (siehe auch Kapitel 2.2, S. 33f.)[288] hatte Stadtkewitz betont, die AfD werde »einen Großteil unseres Anliegens, unserer Positionen nun dorthin tragen, wo es den Altparteien am meisten weh tut: in die Parlamente«. Die Chance, die sich mit der AfD biete, gelte es nun nach Kräften zu unterstützen, schrieb Stadtkewitz. *Die Freiheit* habe sich entschlossen, »ihre bundes- und landespolitischen Vorhaben einzustellen und sich stattdessen ausschließlich auf die Fortsetzung der begonnenen kommunalpolitischen Aktivitäten, besonders in München, zu beschränken«.

Schon vor der Bundestagswahl hatten sich die Anzeichen dafür gemehrt, dass manche DF-Aktivisten die AfD für sich selbst als parteipolitische Alternative erkannten. So hieß es in der *Märkischen Allgemeinen Zeitung* am 7. Mai 2013, im Brandenburger Landesverband der AfD gäben Ex-Mitglieder der islamfeindlichen Partei *Die Freiheit* den Ton an.[289] Rainer van Raemdonck und Thomas Jung, zu dem Zeitpunkt dort im AfD-Vorstand, hätten bis Ende 2011 an der Spitze des Brandenburger *Freiheit*-Landesverbandes gestanden. In Mecklenburg-Vorpommern sei mit Andreas Kuessner ein Ex-*Freiheit*-Mitglied sogar zum Parteichef gewählt worden.

Michael Stürzenberger, der inzwischen als Vorsitzender der *Freiheit* fungiert, schätzte im Oktober 2013, dass bis zu diesem Zeitpunkt etwa 500 frühere DF-Mitglieder zur AfD gewechselt seien.[290] *Freiheit*-Mitglieder hät-

---

[287] Christina Hebel (Spiegel online): »Die Freiheit«: Anti-Islam-Partei will sich der AfD anschließen (1.10.2013), www.spiegel.de/politik/deutschland/die-freiheit-stellt-wahlkaempfe-zugunsten-der-afd-ein-a-925504.html, abgerufen am 7.3.2014.

[288] Politically Incorrect: DIE FREIHEIT stellt bundes- und landespolitische Vorhaben zugunsten der AfD ein (30.9.2013), www.pi-news.net/2013/09/die-freiheit-stellt-bundes-und-landespolitische-vorhaben-zugunsten-der-afd-ein/, abgerufen am 7.3.2014.

[289] Märkische Allgemeine: Brandenburger Partei von Islamfeinden geführt? (6.5.2013, aktualisiert: 17.6.2013), www.maz-online.de/Brandenburg/Brandenburger-Partei-von-Islamfeinden-gefuehrt , abgerufen am 1.9.2013.

[290] Fabian Leber (Der Tagesspiegel): Alternative für Deutschland und »Die Freiheit« – Islamkritiker empfehlen jetzt die AfD (1.10.2013), www.tagesspiegel.de/poli-

6.1 Reaktionen aus Parteien vom rechten Rand

ten zudem vor allem in Sachsen der AfD im Wahlkampf geholfen. Die dortige AfD-Landesvorsitzende Frauke Petry sagte laut *Tagesspiegel*, sie wisse von einer solchen Unterstützung nichts.

Die Rechte (DR)
Die Rechte, Pfingsten 2012 gegründet, setzt sich vor allem aus Mitgliedern der neonazistischen Kameradschaftsszene, früheren Mitgliedern der aufgelösten *Deutschen Volksunion* (DVU) und Ex-Mitgliedern der NPD, denen ihre ehemalige Partei zu »gemäßigt« erscheint, zusammen. *Die Rechte* unterhält inzwischen acht Landesverbände sowie (in Bremen) eine »Landesgruppe«.

Der DR-Bundesvorstand verzichtete auf eine Bewertung des eigenen Bundestagswahlergebnisses 2013. *Die Rechte* war nur in NRW angetreten und dort auf 0,024% gekommen. Der DR-Kreisverband Hamm erklärte, der Partei sei es bei ihrem Wahldebüt nicht auf das Ergebnis angekommen. Vielmehr habe man beweisen wollen, dass man zu Recht den Parteienstatus innehabe.[291]

Allerdings äußerte sich der DR-Bundesvorstand nach der Bundestagswahl anerkennend zur AfD. Die erst vor wenigen Monaten gegründete Partei verfüge bereits über etwa 17.000 Mitglieder und sei »mit beachtlicher, vor allem ökonomischer Sachkompetenz« und »mit auch beachtlichen finanziellen Mitteln« ausgestattet.[292] Zugleich wird die AfD als »Partei der Professoren und Besserverdienenden« und als »Nachfolgeorganisation« der FDP bezeichnet. Auch nach dem Scheitern an der 5%-Hürde mochte der Autor die AfD noch nicht abschreiben: »Die erste Situation seit dem 1969 gescheiterten Versuch der NPD, das Parteiensystem von rechts aufzubrechen, könnte bevorstehen; wenn nicht bei dieser Bundestagswahl, dann aber doch bei der nächsten, mit der Zwischenstation über die Europa-Wahl und diverse Landtagswahlen.«

Die Rechte wollte an der EU-Wahl teilnehmen – obwohl aus ihrer Sicht die Kandidatur der *Alternative für Deutschland* die eigenen Aussichten nicht unwesentlich minderte: Die AfD reduziere »unsere Chancen, bei der

---

tik/alternative-fuer-deutschland-und-die-freiheit-islamkritiker-empfehlen-jetzt-die-afd/8874608.html, abgerufen am 7.3.2014.

[291] Die Rechte (Kreisverband Hamm): Kurze Nachlese zur Bundestagswahl (23.9.2013), http://rechte-hamm.com/?p=1611, abgerufen am 2.10.2013.

[292] Die Rechte: Knapp daneben (23.9.2013), http://worch.info/die-rechte/?p=1376, abgerufen am 2.10.2013.

nächsten Europa-Wahl mit 0,5 Prozent in die Wahlkampfkostenerstattung (staatliche Parteienteilfinanzierung) zu kommen, von gering auf null«. Die Teilnahme von *Die Rechte* an der Europawahl kam nicht zustande, da sie nicht die erforderliche Zahl von Unterstützungsunterschriften beibringen konnte.[293]

»Parteifreie« Neonazis
Sozial- und altersstrukturell sowie politisch-strategisch weisen »parteifreie« Neonazis und AfDler kaum Berührungspunkte auf. Jener Teil der Neonaziszene aus dem Spektrum der »Kameradschaften« oder der »Autonomen Nationalisten«, der parlamentarischer Arbeit nicht von vornherein mit völligem Desinteresse gegenübersteht, orientiert sich an der NPD bzw. an der Partei *Die Rechte*. Entsprechend wenige Positionierungen zur AfD gibt es aus diesem Spektrum. Wenn sich Neonazis aber doch einmal mit der AfD beschäftigen, gilt: »Die einzige echte Alternative für Deutschland bleibt weiterhin der Nationale Widerstand!« So formulierte es ein namentlich nicht genannter Autor auf der Internetseite der Neonazi-Organisation *Freie Kräfte Oberberg*.[294] Zur Klientel der AfD schrieb er ironisierend: »Der bundesdeutsche Wutbürger, der seine revolutionären Ansichten bisher lediglich durch den Kauf des neuesten Sarrazin-Buches oder – in sehr mutigen Einzelfällen – durch das verschicken ganz böser Protest-Emails an im antideutschen Politalltag hervorstehende Marionetten des internationalen Großkapitals kundtat, wäre jetzt parteipolitisch aktiv um eine Fundamentalopposition gegen die herrschende Klasse aufzubauen; und das auch noch unter dem vielversprechenden Namen ›Alternative für Deutschland‹.« Tatsächlich gehe es den »etwas rückgratlosen BRD-Wutbürgern« aber überhaupt nicht um »elementare Probleme dieses Landes«, meint der Autor.

Er nennt als solche Probleme den »absehbaren Volkstod«, die »fehlende Zukunftsperspektive für die deutsche Jugend«, die »kulturfremde Zuwanderung«, die »Verdrängung der deutschen Kultur und Sprache« sowie die »fehlende Souveränität des Besatzer-Konstruktes BRD«. »Einzig und allein die Angst um das eigene Geld treibt die wohlsituierte Bürgerschaft auf

---

[293] Tomas Sager: Entzauberte »Rechte«, blick nach rechts« (4.3.2014), www.bnr.de/artikel/hintergrund/entzauberte-rechte, abgerufen am 7.3.2014.
[294] Freie Kräfte Oberberg: Alternative für Deutschland? (3.4.2013), fk-oberberg.info/wp/2013/04/03/alternative-fur-deutschland/, abgerufen am 1.9.2013.

6.1 Reaktionen aus Parteien vom rechten Rand

die gepolsterten Barrikaden gegen den Europa auseinanderdividierenden Euro.« Letztlich führe die AfD »den Kampf gegen das deutsche Volk« im Prinzip unvermindert weiter.

»Schein und Sein der AfD offenbaren uns also bei genauerem Hinsehen eine ›Alternative‹, die mit Deutschland als der Heimat unseres Volkes nicht viel gemein hat. Eigentlich müßte diese obskure Scheinpartei besser ›Alternative ZU Deutschland‹ heißen, denn wenn diese Leute ihre Pläne umsetzen, dann bleibt von Deutschland sowieso nichts mehr übrig«, meinen auch norddeutsche Neonazis.[295] Es dränge sich der Eindruck auf, »daß hier von gewissen Kreisen ganz bewußt eine neue Partei geschaffen wurde, um die Ablehnung des Volkes gegen Euro und EU zu kanalisieren und in eine gewünschte Bahn zu lenken, die dem System nicht gefährlich werden kann«. Die AfD wolle »keine echte Alternative zur EU«, sondern bloß eine Art »EU-Light«. Zum Thema »Überfremdung« nehme die AfD »ganz unverhohlen eine antideutsche Position ein« und stelle sich unmissverständlich auf die Seite der »Überfremdungsfanatiker«, indem sie »ein ›Einwanderungsrecht‹ schaffen und so die Überfremdung auch gesetzlich unumkehrbar machen« wolle. Damit sei die AfD gar »so manch anderer Systempartei sogar noch einen bösartigen Schritt voraus bei der weiteren Überfremdung Deutschlands und der Ausrottung unseres Volkes«.

6.2 Rechte Medien und die AfD

Junge Freiheit
Die *Junge Freiheit* (JF) ist eine 1986 gegründete Zeitung, die seit 1994 als Wochenzeitung erscheint und als Sprachrohr der so genannten Neuen Rechten angesehen werden kann.[296] Ein zentrales Bestreben der Redaktion ist der Aufbau einer neuen politischen Kraft rechts des derzeit existierenden demokratischen Parteienspektrums. In der AfD sieht die JF einen möglichen Hoffnungsträger für ihr lang gehegtes Ansinnen. Seit dem Gründungsparteitag wird die AfD publizistisch unterstützt. In der JF-Ausgabe vom 13. Juni 2013 erschien gar ein doppelseitiges Schaubild zur AfD, das den Eindruck einer doppelseitigen Gratiswerbung vermittelte. Die JF

---

[295] mein-hh.info: Aufklärung – Die falsche Alternative (14.8.2013), www.mein-hh.info/archiv/index.php?datum=13/08/14, abgerufen am 1.9.2013.
[296] Vgl. Kellershohn (2013).

verfolgt damit offensichtlich den Zweck, die AfD zum Zugpferd für ihre Forderung nach einer Re-Nationalisierung des Politischen nutzbar zu machen. Chefredakteur Dieter Stein sah im April 2013 in der AfD das Mittel, »die sonst übliche Schweigespirale zu durchbrechen«. Er schrieb ihr das Potenzial zu, »das vorhandene Parteiensystem zu öffnen und die Marktgesetze auch in der Politik wieder zum Wirken zu bringen, wo sich die Bürger in entscheidenden Fragen wie in der DDR nur noch einer Nationalen Front von CDUCSUFDPSPDGrüne gegenübersahen«.[297] In einem Kommentar vom 24. Januar 2014 schrieb Stein, die Europawahl werde für die AfD zur »Schicksalsentscheidung«. Die junge Partei dürfe sich »nicht in die Defensive drängen lassen«.[298] Stein: »Der ›neue Tugendterror‹ (Sarrazin) der Politischen Korrektheit lähmt eine offene Debatte über brennende Fragen und schränkt den demokratischen Diskurs ein. Die Euro-Krise hat ein Repräsentationsdefizit breiteren Ausmaßes aufbrechen lassen. Hier wächst die Aufgabe der AfD.«

Offensichtlich sei, dass die Partei langfristig »einer thematischen Verbreiterung bedarf: Familienpolitik, die kulturelle Definition eines Europas der Nationalstaaten, eine souveränere deutsche Außenpolitik, nicht zuletzt die dramatischen Konsequenzen des demographischen Niedergangs und der Massenzuwanderung«. Parteitage der AfD wurden vom Internetportal der JF via Live-Ticker verfolgt.

Als Vorbild für die AfD pries Stein die rechtspopulistische UKIP und forderte: »Deutsche Parteigründer, die der UKIP nacheifern wollen, sollen aufmerksam verfolgen, dass diese erst Breitenwirkung erzielte, als sie ihr EU-kritisches, marktwirtschaftliches Profil programmatisch um die Ablehnung von Masseneinwanderung und eine konservative Familienpolitik ergänzte.«[299]

Auch ein Jahr nach ihrer Gründung genießt die AfD weiter die Sympathien der JF, die Lucke Anfang des Jahres 2014 in einem großen Interview zu Wort kommen ließ. Die Partei müsse jedoch ihre beiden »Strömungen« – Stein nennt sie »freiheitlich« und »konservativ« – beisammen halten.

---

[297] Stein, Dieter: Alternative für Deutschland. Bürger auf den Barrikaden, in: JF vom 13.4.2013.
[298] Stein, Dieter: Sprung nach Brüssel – Die Europawahl wird für die Alternative für Deutschland zur Schicksalsentscheidung, in JF 5/14 vom 24.1.2014.
[299] Stein, Dieter: Konjunkturen für Protestparteien. Nigel Farage macht es vor, in: Junge Freiheit vom 13.5.2013.

6.2 Rechte Medien und die AfD

Die JF gilt in AfD-Kreisen sowie auch in der Wahrnehmung ihrer sonstigen Leserschaft mittlerweile als eine Art informelle Parteizeitung. In dieser Wochenzeitung tragen Führungspersönlichkeiten der Partei ihre Vorstellung mit und nutzen das Medien sogar zur Debatte um politische Richtlinien. So dokumentierte die JF ausführlich ein Gespräch zwischen Bernd Lucke und Alexander Gauland zur außenpolitischen Positionierung im Konflikt zwischen Russland und der Ukraine.[300]

Sezession
Vom neurechten *Institut für Staatspolitik* wird die Zeitschrift *Sezession* herausgegeben, die 2013 ein Sonderheft mit dem Thema »Alternativen für Deutschland« publizierte. Welche »Alternativen« die Macher der Zeitschrift darunter verstanden, illustrierte das Titelbild: Sechs Logos von politisch rechten Organisationen waren darauf abgebildet. Im größten Format in den Vordergrund gesetzt waren die AfD und das Zeichen der *Identitären Bewegung*. Letztere ist eine in Frankreich aus dem Dunstkreis des rechtsextremen *Bloc Identitaire* entstandene Bewegung, die seit dem Jahr 2012 auch Eingang in die extrem rechte Szene in Deutschland gefunden hat. Gestalterisch dahintergelegt waren auf dem Zeitschriftencover die Logos der Wahlgruppierungen *Die Republikaner, Bürgerbewegung pro NRW, Bürger in Wut* und *Die Freiheit*. AfD-Unterstützer Karl Albrecht Schachtschneider ging in einem Interview in dem Sonderheft auch auf die *Identitäre Bewegung* ein: »Soweit ich unterrichtet bin, geht es den ›Identitären‹ um die Erhaltung des Volkes im Sinne einer bestimmten Homogenität. Es gehört zur Souveränität, dass die Bürger, nicht deren Vertreter, darüber entscheiden, ob die Identität des Volkes durch Einwanderung verändert wird. Die hinreichende Homogenität der Bürgerschaft ist Voraussetzung einer Republik als freiheitliches Gemeinwesen.«[301]

Blaue Narzisse
Ein durchaus widersprüchliches Verhältnis zur AfD hat die *Blaue Narzisse* (BN), eine im Jahr 2004 in Chemnitz erstmals publizierte Schülerzeitung, die seit 2006 auch ein Online-Portal betreibt. Die BN ist als ›jungkonservativ‹

---

[300] AfD wegen Russland gespalten? JF-Streitgespräch Lucke gegen Gauland, in: Junge Freiheit vom 12.9.2012.
[301] Schachtschneider, Karl Albert, »Souverän ist der Bürger«, Interview in: Sezession Sonderheft vom Mai 2013, S. 45.

einzustufen. Sie rekurriert auf eine weit rechts stehende politische Strömung aus der Zeit der Weimarer Republik, die die Republik bekämpfte und von der Geschichts- und Politikwissenschaft heute weithin als eine Strömung eingestuft wird, die dazu beitrug, den Nazis den Weg zu bereiten.

Das widersprüchliche Verhältnis der BN zur AfD lässt sich exemplarisch einem der ersten Beiträge zu der neuen Partei entnehmen, der auf dem Internet-Portal der Zeitschrift erschien. Am 11. März 2013 hieß es dort, einerseits könnten »Konservative oder alternative Rechte« dem AfD-Programm durchaus »interessante Punkte« entnehmen. Jenseits der Forderung, das heutige Euro-System grundlegend zu ändern, werde etwa verlangt, »dass die Politik sich dem Einfluss von Lobby-Gruppen entzieht«, oder dass »Bildung als Kernaufgabe der Familie« gefördert werde. Auch stünden Forderungen nach »Volksabstimmungen über grundlegende gesellschaftliche Fragen« oder nach der »Neuordnung des Einwanderungsrechts« im Programm. »Besonders der letzte Punkt lässt aufhorchen«, hieß es bei der BN: Es solle »eine ungeordnete Zuwanderung in unsere Sozialsysteme ... unbedingt unterbunden« werden.

Damit »dürfte die Alternative für Deutschland auch für jene sprichwörtlich eine echte Alternative bieten, die sich eine deutlich nationalere Politik wünschen, Parteien wie die NPD oder Pro Deutschland jedoch meiden«. In der Tat schienen »viele ... ihre Hoffnungen tatsächlich in diese Partei in der Entstehung zu setzen«.[302]

Allerdings räumte der Autor ein, »das konservative Lager – insofern man von einem solchen überhaupt sprechen kann« – sei »hinsichtlich der Frage nach gesellschaftlichen Veränderungen durch eine Partei« prinzipiell »gespalten«. Das betreffe auch die Frage nach der Haltung gegenüber der AfD. »Können tiefgreifende Veränderungen überhaupt noch auf legal-politischem Weg erreicht werden?«, hieß es in dem Beitrag; könne »eine dem Grundgesetz verpflichtete Partei« die gewünschten Prozesse »in Gang« setzen? Schon andere seien mit diesem Versuch gescheitert. »Sollten wir Energie und Finanzen nicht lieber in Initiativen, Verlage, Bildungseinrichtungen, Zeitungen oder die anständige Förderung junger Menschen investieren?«[303]

---

[302] Stein, Philip: Eine echte Alternative! (11.3.2013), www.blauenarzisse.de/index.php/anstoss/item/3782-eine-echte-alternative, abgerufen am 28.8.2013.
[303] Ebd.

6.2 Rechte Medien und die AfD

Die Antwort fiel in der BN nicht eindeutig aus. Einerseits gab es Warnungen, die Zeit für den Aufbau einer schlagkräftigen Partei sei bis zur Bundestagswahl viel zu kurz; man werde nur den Unionsparteien und der FDP Stimmen abspenstig machen und damit Rot-Grün zur Mehrheit verhelfen. Andere riefen dazu auf, sich für die AfD zu engagieren, auch im Wahlkampf; dies sei die einzige Möglichkeit, praktische Fortschritte zu erzielen. Andernfalls sei man in der explizit politischen Sphäre zur Untätigkeit verdammt.

Die Distanz der BN zur AfD wuchs in der Folge. Ende Juli 2013 schrieb die BN, »viele Konservative zeigten sich zunehmend enttäuscht von der AfD, da außer der Kritik an der Europäischen Union und ihrer Politik wenig konservative Inhalte propagiert und thematisiert« würden. »Bei vielen konservativen Schlüsselthemen, die über die Thematik Euro hinausgehen, fehlt Lucke & Co. oft der nötige Mut, sich klar und deutlich zu positionieren. So muss man sich nicht zu Unrecht den Vorwurf gefallen lassen, keine konservativen Werte und Ansichten zu vertreten, sondern lediglich eine neoliberale Strömung zum etablierten Kanon der Republik beifügen zu wollen.«[304]

Zum Beginn des Jahres 2014 schien die Desillusionierung noch weiter gediehen. Nach dem Aschaffenburger Parteitag der AfD schrieb der BN-Verantwortliche Felix Menzel, die AfD »besitzt weder das Personal noch den intellektuellen Hintergrund, um als ›konservative Avantgarde‹ echte Alternativen zur Europäischen Union und der anti-deutschen Politik der Bundesrepublik anbieten zu können«.[305] Sie kopiere »den jahrzehntelangen Kurs der CDU: Weniger Inhalt ist mehr!« und passe sich an – »entweder aus vorauseilendem Gehorsam und Angst vor der politischen Korrektheit, oder weil es die Führungskräfte aufgrund ihrer bisherigen Erfahrungen in der CDU gar nicht anders kennen«.

Preußische Allgemeine Zeitung

Die *Preußische Allgemeine Zeitung* (PAZ) hat die AfD von Anfang an mit großer Sympathie begleitet. Für die AfD ist das durchaus nützlich: Die PAZ erschließt ihr Teile des rechten Vertriebenen-Milieus. Die Wochenzeitung,

---

[304] Stein, Philip: Umbruch durch Parteien? (I) (30.7.2013), www.blauenarzisse.de/index.php/gesichtet/item/4015-umbruch-durch-parteien-i, abgerufen am 28.8.2013.
[305] Felix Menzel: D-EU-tschland? (28.1.2014), www.blauenarzisse.de/index.php/anstoss/item/4392-d-eu-tschland, abgerufen am 9.3.2014.

die nach Angaben des Verlages eine verkaufte Auflage von rund 18.000 Exemplaren aufweisen kann, ist das Organ der *Landsmannschaft Ostpreußen*, eines der größten deutschen Vertriebenen-Verbände. Sie wird am Kiosk verkauft und richtet sich heute an ein breites rechtsorientiertes Publikum, ist aber nach wie vor auch in der *Landsmannschaft Ostpreußen* fest verankert. Wer Zugang zur PAZ hat, hat Zugang auch zu Teilen der Vertriebenen-Basis, an der in vielen Fällen eine deutschnationale Orientierung zu finden ist.

Bereits die *Wahlalternative 2013* fand Ende September 2012 die Aufmerksamkeit der PAZ. Das Blatt stand der Euro-Rettungspolitik ohnehin kritisch gegenüber; Politik-Redakteur Hans Heckel hatte den Gründungsaufruf der Initiative *Stop ESM* unterzeichnet und damit klar Stellung bezogen. »Immer mehr Bürger fühlen sich von der politischen Klasse verraten und verkauft«, schrieb die PAZ am 29. September 2012: »Bei der Bundestagswahl im kommenden Jahr will nun eine Bürgergruppierung für frischen Wind sorgen.« Sie wolle »dem deutschen Wähler in der Krise eine Alternative zur Euro-Rettungspolitik der Bundesregierung bieten« und »der Aushebelung der Demokratie und der faktischen Entmachtung der Verfassungsorgane Einhalt gebieten«. Die »engagierten Bürger« von der Wahlalternative 2013 störten sich daran, dass »den Deutschen ... immer höhere Risiken aufgebürdet werden«.[306]

Am 16. März 2013 nahm die PAZ die Berichterstattung über die frisch gegründete AfD auf. »Vielversprechender Start«, titelte sie und klopfte im Untertitel die Bewertung der AfD als attraktive und vielversprechende Partei fest: »Neue Partei ›Alternative für Deutschland‹ erhält großen Zuspruch«.[307] In der folgenden Ausgabe erhielt Bernd Lucke in einem Interview Gelegenheit, auf einige Einwände einzugehen, die der AfD erkennbar entgegengehalten werden würden. Lucke antwortete etwa auf die Frage, wie die Partei damit umgehen wolle, dass sie keine »charismatische(n) Persönlichkeiten« in ihren Reihen habe, sondern viele »Volkswirte und IT-ler«, die »eher für introvertiertes statt extrovertiertes Auftreten bekannt« seien: »Wir sind eine Graswurzelbewegung. Wir sind ja gerade die Oppo-

---

[306] Bürger begehren auf, Preußische Allgemeine Zeitung vom 29.9.2012.
[307] Vielversprechender Start, Preußische Allgemeine Zeitung vom 16.3.2013.

6.2 Rechte Medien und die AfD

sition gegen den verkrusteten Politikbetrieb. Wir sind normale Bürger, die ihr Geld mit redlicher Arbeit verdienen.«[308]

Nach dem Parteibeitritt von Hans-Olaf Henkel zu Beginn des Jahres sah die PAZ die AfD weiter im Aufwind: »Seine Ankündigung, er werde sich besonders in der Europapolitik für die Abkehr von Zentralismus, Gleichmacherei und Vergemeinschaftung von Schulden und für die Rückkehr zu Subsidiarität, Wettbewerb und Eigenverantwortung einsetzen, dürfte enttäuschte Unionswähler gleichermaßen ansprechen, wie auch diejenigen, die an der FDP schon lange nichts Liberales mehr ausmachen können.«[309] Mit dem prominenten Neuzugang seien die Erfolgsaussichten für die AfD bei zukünftigen Wahlen deutlich gestiegen. Allerdings, so wird gewarnt: Eine Garantie für Wahlsiege sei dies noch lange nicht – unter anderem weil »ein beachtlicher Teil der deutschen Medienlandschaft« im Fall der AfD »auf eine objektive Berichterstattung gänzlich verzichten zu wollen« scheine, wie die PAZ klagt.

Zuerst!

Zuerst! ist eine Monatszeitschrift, die seit Ende 2009 erscheint. Im Untertitel nennt sie sich »Deutsches Nachrichtenmagazin«. Sie erscheint in der *Verlagsgruppe Lesen und Schenken* des extrem rechten Verlegers Dietmar Munier. »Nicht Parteien und Interessengruppen, nicht übernationalen Institutionen und angeblich diskriminierten Minderheiten fühlt sich ZUERST! verpflichtet, sondern ausschließlich den Lebens- und Überlebensinteressen des deutschen Volkes und dem wertvollen Erbe unserer europäischen Kultur«, heißt es in einer Selbstdarstellung:[310] »ZUERST! ist das Magazin für deutsche Interessen.«

In der Ausgabe November 2013 publizierte das Magazin, das regelmäßig auch auf seinem Online-Portal Nachrichten zum Thema AfD veröffentlicht, ein doppelseitiges Interview mit Elias Mößner, dem ehemaligen baden-württembergischen Landeskoordinator für die AfD-Hochschulgrup-

---

[308] »Das muss doch Konsequenzen haben«, Preußische Allgemeine Zeitung vom 23.3.2013.
[309] Preußische Allgemeine Zeitung: Die neuen Liberalen? AfD-Beitritt von Henkel gibt der Partei neuen Auftrieb, Preußische Allgemeine Zeitung Ausgabe vom 25.1.2014, www.webarchiv-server.de/pin/archiv14/paz0414_gesamt.htm, abgerufen am 9.3.2014.
[310] Zuerst!: Über uns, www.zuerst.de/uber-uns/, abgerufen 9.3.2014.

pen. Mößner verlangte von seiner Partei mehr »Bekennermut«.[311] Es könne »nicht schaden, sich Thilo Sarrazin zum Vorbild zu nehmen«. Sarrazin sei seinen Standpunkten selbst dann noch treu geblieben, als die »etablierte Presse und sogar seine SPD-Genossen«, seine eigenen Parteifreunde, versucht hätten, »ihn mit der Nazikeule zu verprügeln«. Seine große Beliebtheit habe vor allem mit dessen Geradlinigkeit zu tun: »Er blieb bei seiner Meinung, das macht ihn glaubwürdig. Die AfD wird lernen müssen, daß ihr ein Herumeiern in wichtigen Fragen nicht nutzen, sondern nur schaden kann.« Die »Mainstream-Presse und die etablierten Parteien« würden die AfD nicht in Ruhe lassen, »auch wenn sich ihr Vorstand rhetorisch noch so sehr verbiegt«, warnte Mößner. »Und die Mitglieder und Wähler werden der AfD davonlaufen, wenn es an Bekennermut fehlt.«

eigentümlich frei
Die Zeitschrift *eigentümlich frei* (ef) wird seit 1998 veröffentlicht und hat eine marktradikale und nationalkonservative Ausrichtung. Zudem sind hinsichtlich der Autorenschaft und der Inhalte Schnittmengen zur »Neuen Rechten« und deren Medien wie der *Jungen Freiheit* und der *Sezession* vom neurechten *Institut für Staatspolitik* erkennbar. So wurde etwa in der *Sezession* eine Debatte zwischen deren Hauptredakteur und dem ef-Herausgeber André F. Lichtschlag über eine »libertär-konservative Sezession« geführt.[312]
In einer Eigendarstellung heißt es: »eigentümlich frei steht auf der Seite der libertären Gegenwehr. Gegen die zunehmende neosozialistische Enteignung.«[313] An der AfD gefällt dem ef-Herausgeber einerseits deren Sprecher Konrad Adam: »Er dachte vor ein paar Jahren in der Tageszeitung ›Die Welt‹ laut über die Abschaffung des Wahlrechts für Nettostaatsprofiteure nach. Eine kluge Idee, die einst Friedrich August von Hayek entwickelt hatte.«[314] In einer anderen Ausgabe bescheinigt er der AfD die Qualität, pointiert »konservative und liberale Positionen« zusammenbringen zu können und empfiehlt dazu gleich ein europäisches Vorbild, »die stets

---
[311] Zuerst!: »Mehr Bekennermut«, Ausgabe 11/2013, S. 22f.
[312] Vgl. Sezession Heft 3 (Oktober 2003), S. 36-45.
[313] Lichtschlag, André F.: Warum eigentümlich frei, www.ef-magazin.de/warum-ef/, abgerufen am 22.12.2013.
[314] Ders.: Sturm im Parteiensystem, in: ef Nr. 135 vom August 2013, S. 40.

6.2 Rechte Medien und die AfD

angriffslustige und dabei äußerst erfolgreiche UKIP in Großbritannien«.[315] In der ef unterhält der AfD-Unterstützer und frühere BFB-Aktivist Bruno Bandulet eine Rubrik namens *DeutschlandBrief*. Darin nimmt er wiederkehrend auch zur AfD Stellung. Die AfD könne seiner Ansicht nach nur dann »Erfolg haben, wenn sie großzügig Platz bietet für liberale, konservative und nationale Positionen gleichermaßen und wenn sich die Selbstverwirklicher zügeln«.[316]

---

[315] Ders.: Bernd Lucke auf den Spuren von Roland Schill?, in: ef Nr. 137 vom November 2013, S. 40.
[316] Bandulet, Bruno: DeutschlandBrief, in: ef Nr. 139 vom Januar 2013, S. 8.

7. Wählerpotenzial der AfD

Die günstige Ausgangslage für die AfD lag in der Eurokrise und dem Diktum von Bundeskanzlerin Merkel, die Euro-Rettungspolitik sei alternativlos. Schon vor ihrer formalen Gründung erfreute sich die im Frühjahr 2013 frisch aus der Taufe gehobene AfD daher besonderer Aufmerksamkeit. So veröffentlichte die Zeitschrift *Focus* die Ergebnisse einer von ihr bei *Emnid* in Auftrag gegebenen Umfrage mit der Aussage: »In Deutschland kann sich jeder Vierte vorstellen, bei der Bundestagswahl eine Partei zu wählen, die sich für einen Austritt aus dem Euro starkmacht.« Emnid-Chef Klaus Peter Schöppner kommentierte das Ergebnis mit den Worten: »Bei den 26 Prozent handelt es sich um einen relativ hohen Wert. Dies deutet darauf hin, dass es hier möglicherweise Potenzial für eine neue Protestpartei gibt.«[317] Mit ihrem Sprecher Bernd Lucke erzielte die neue Partei eine weit überdurchschnittliche mediale Aufmerksamkeit, die in starkem inhaltlichen Kontrast stand zu ihrer kolportierten These, es herrsche eine »Schweigespirale« in den Medien in Bezug auf das Euro-Thema. Doch trotz der Dominanz des Eurothemas war die AfD von Beginn an nicht lediglich eine Ein-Themen-Partei, sondern bediente unter ihrem Slogan »Mut zur Wahrheit« zugleich eine ›Nationalisierung des Politischen‹ in innen- wie in außenpolitischen Belangen.

7.1 Bundestagswahl 2013

Bei der Bundestagswahl 2013 erreichte die AfD 4,7% der Wählerstimmen. Damit verfehlte die Partei ihr Ziel knapp, die 5%-Hürde zu überspringen. Allerdings muss berücksichtigt werden, dass es in der Geschichte der Bundesrepublik Deutschland bislang noch keiner Partei außer der AfD gelungen ist, innerhalb weniger Monate nach der Gründung bei einer Bundestagswahl einen solchen Achtungserfolg zu erzielen. Interessanterweise erzielte die Partei den deutlich höchsten Wählerzuspruch nicht in ihren ursprünglichen Wirkungskreisen in Hamburg, Niedersachsen und Hessen, sondern in den ostdeutschen Bundesländern.

---

[317] Wählerpotenzial für deutsche Anti-Euro-Partei, in: Die Welt online vom 10.3.2013, www.welt.de/politik/deutschland/article114301881/Waehlerpotenzial-fuer-deutsche-Anti-Euro-Partei.html, abgerufen am 12.11.2014.

7.1 Bundestagswahl 2013

Die AfD bei der Bundestagswahl 2013 – Zweitstimmen in %

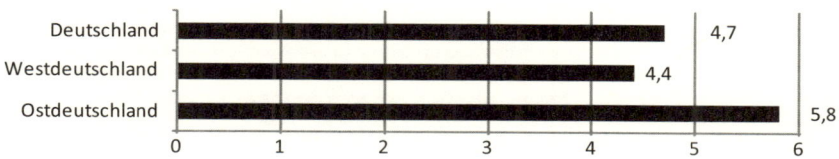

Die meisten Wähler gewann die AfD von der FDP – laut *Infratest dimap* rund 430.000 Stimmen.[318] 340.000 kamen demnach von der Partei DIE LINKE, 290.000 von CDU und CSU, 180.000 von der FDP und 90.000 von den GRÜNEN. 210.000 Wähler hatten zuvor nicht gewählt. Zwischen diesen rund 1,54 Millionen Wählern und den knapp 2,06 Millionen Zweitstimmen, die die AfD auf sich vereinigen konnte, klafft eine Lücke von rund einer halben Million. Sie kamen laut *Infratest dimap* vor allem aus dem Bereich der Erstwähler (100.000) und von früheren Wählern von Kleinparteien (410.000); hinzu kommen 10.000 aus dem Ausland Zugezogene. Bei den 430.000 früheren FDP-Wählern, die für die AfD votierten, dürfte es sich laut Vorwahlumfragen vor allem um Bürger gehandelt haben, die sich am rechten Flügel der FDP orientiert hatten.

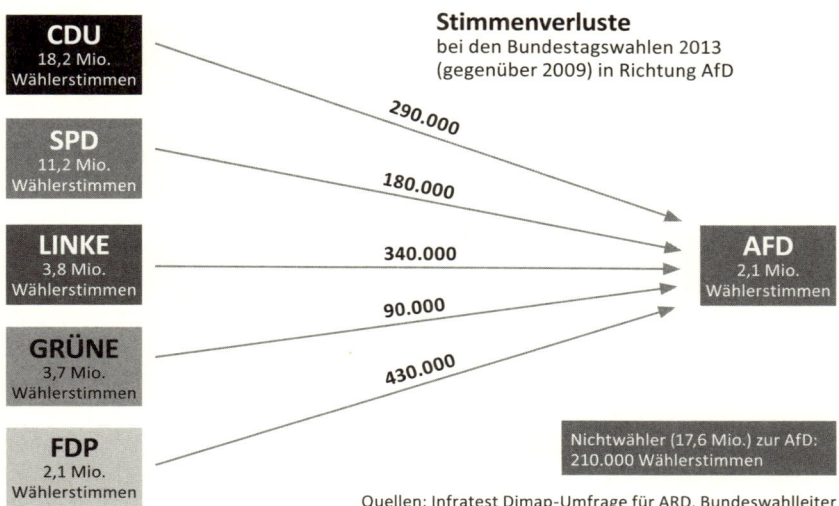

---

[318] Analysen Wählerwanderung. wahl.tagesschau.de/wahlen/2013-09-22-BT-DE/analyse-wanderung.shtml, abgerufen am 2.10.2013.

7. Wählerpotenzial der AfD

Die AfD bei der Bundestagswahl 2013 – Zweitstimmen in %

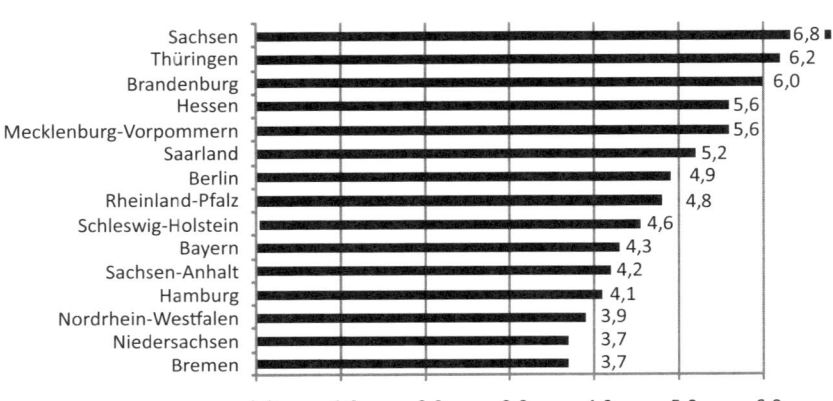

»Überproportional viele« AfD-Anhänger »kommen vom rechten Flügel der FDP«, wurde der Leiter des Meinungsforschungsinstituts *Forsa*, Manfred Güllner, in der Woche vor der Bundestagswahl zitiert. Güllner konstatierte darüber hinaus signifikante Übereinstimmungen zwischen der AfD-Anhängerschaft und dem Milieu der »Schönhuber-Republikaner in den 90er Jahren«.[319]

Ihre besten Ergebnisse erzielte die AfD wie eingangs erwähnt in den ostdeutschen Bundesländern. In Sachsen erreichte sie mit 6,8% ihr stärkstes Resultat; darauf folgten Thüringen (6,2%) und Brandenburg (6,0%). 5,6% erzielte die AfD in Mecklenburg-Vorpommern und in Hessen, ihrem stärksten westdeutschen Bundesland. Unter 4% blieb die Partei nur in Nordrhein-Westfalen (3,9%), Niedersachsen (3,7%) und Bremen (3,7%). Die Spitzenergebnisse wurden in Bundesländern erzielt, in denen die Partei stärker als im Westen mit dem Thema Einwanderung geworben hat: Slogans wie »Einwanderung ja. Aber nicht in unsere Sozialsysteme!« kamen dort auf Plakaten besonders häufig zum Einsatz. Die Tatsache, dass die NPD ebenfalls mit dem Thema Einwanderung in vielen ostdeutschen Bundesländern zwischen 2 und 3% an Wählerzustimmung erreichen konnte, verweist auf

---

[319] Günther Lachmann: AfD-Anhänger aus dem Milieu der Schönhuber-Wähler (18.9.2013), www.welt.de/politik/deutschland/article120160405/AfD-Anhaenger-aus-dem-Milieu-der-Schoenhuber-Waehler.html , abgerufen am 2.10.2013.

die Unterschiedlichkeit der Wählermilieus beider Parteien. Anders hingegen verhält es sich mit den *Republikanern*, die augenscheinlich ihr Wählerpotenzial an die AfD verloren haben.

Der Wahlreport von *Infratest Dimap* [320] zur Bundestagswahl 2013 gibt Einblicke in das Wahlverhalten unterschiedlicher Bevölkerungsgruppen:
- Die meisten AfD-Wähler sind männlich und im Alter von 17 bis 44 Jahren.
- Zustimmung erhielt die AfD am häufigsten von Arbeitern, am wenigsten von Erwerbslosen.

Nach Peter Matuschek, *Forsa*-Bereichsleiter für Politik- und Sozialforschung, sei der »typische« AfD-Wähler »selbstständig, männlich, mit eher überdurchschnittlichem sozialen Status und Einkommen« ausgestattet: ein »Vertreter der gehobenen Mittelschicht«, der sich »zwischen unten und oben zerrieben fühlt«.[321] Zu einem anderen Resultat kommt Richard Hilmer, Geschäftsführer von *Infratest dimap*, dem zufolge die AfD-Wähler »aus allen Richtungen« kämen; die stärkste Zustimmung erhalte die »Professorenpartei« tatsächlich unter Arbeiterinnen und Arbeitern.[322] Gesichert scheint hingegen zu sein, dass die AfD vorwiegend von jüngeren Menschen gewählt wurde; bei Seniorinnen und Senioren brachte sie es nur auf 3%. Männer votierten zu einem größeren Anteil für sie als Frauen. Entsprechend hatte die AfD ihre stärkste Wählergruppe bei Männern bis zu 45 Jahren.[323]

7.2 Europawahl 2014

Trotz einer – verglichen mit der Bundestagswahl – deutlich niedrigeren Wahlbeteiligung gewann die AfD bei der Europawahl am 25. Mai 2014 noch einmal rund 8.000 Stimmen hinzu. 2.065.162 Bürger votierten bundesweit für die Partei.[324] Das entsprach einem Anteil von 7,0%. Im Vergleich der

---
[320] Infratest Dimap (2013): Wahlreport Bundestagswahl 2013.
[321] Wer hat die Alternative für Deutschland gewählt? (23.9.2013), www.euractiv.de/wahlen-und-macht/artikel/werhat-die-alternative-fuer-deutschland-gewaehlt-008043, abgerufen am 2.10.2013.
[322] Ebd.
[323] Wer wählte was warum?, www.tagesschau.de/wahl/wahlanalyse124.html, abgerufen am 2.10.2013.
[324] www.bundeswahlleiter.de/de/europawahlen/EU_BUND_14/ergebnisse/bundesergebnisse/, abgerufen 29.5.2014.

Bundesländer[325] schnitt die AfD mit 10,1% erneut in Sachsen am besten ab. Deutlich überdurchschnittliche Ergebnisse erzielte sie auch in Hessen (9,1%), Brandenburg (8,5%), Bayern (8,0%), Baden-Württemberg und Berlin (jeweils 7,9%). Ergebnisse, die sich etwa in der Höhe des Bundesergebnisses bewegten, erreichte die AfD in Thüringen (7,4%), Mecklenburg-Vorpommern (7,0%), dem Saarland (6,8%), in Schleswig-Holstein (6,8%) und Rheinland-Pfalz (6,6%). Schwächer schnitt die Partei in Sachsen-Anhalt (6,3%), Hamburg (6,0%), Bremen (5,8%), Nordrhein-Westfalen und Niedersachsen (jeweils 5,4%) ab.

Einer von der *Forschungsgruppe Wahlen* vorgelegten Analyse[326] zufolge unterschieden sich AfD-Wähler vor allem in zwei politischen Themenbereichen vom Rest der Wählerschaft: Von den AfD-Wählern würden 47% (alle: 15%) die EU-Mitgliedschaft negativ sehen sowie 57% (alle: 35%) im Euro Nachteile erkennen; »weit überproportional viele« sähen zudem im Bereich Ausländer und Zuwanderung ein großes Problem.

60% hätten die AfD vor allem wegen der Inhalte gewählt, 39% sprachen der Analyse der *Forschungsgruppe Wahlen* zufolge von einem »Denkzettel«. Wie bei der Bundestagswahl schnitt die AfD bei Männern stärker als bei Frauen ab (9 bzw. 5%). Zwischen Berufstätigen und Arbeitslosen (8 bzw. 9%) gab es kaum, zwischen den Altersgruppen nur geringe Unterschiede.

Auch wenn die Ergebnisse von jeweils etwa 2,06 Millionen Stimmen bei Bundestags- und Europawahl den Schluss nahe legen könnten, dass die AfD bereits über einen stabilen Stimmenpool oder gar eine Stammwählerschaft in annähernd dieser Größenordnung verfügen würde, deutet eine Untersuchung von *Infratest dimap* über die Wählerwanderungen[327] darauf hin, dass noch manches im Fluss ist. Verglichen mit der Bundestagswahl gewann die AfD von der Union unterm Strich 510.000 Wähler hinzu, von der SPD 180.000, von DIE LINKE 110.000, von der FDP 60.000 und den GRÜNEN 30.000. Etwa in der gleichen Größenordnung gab die AfD aber auch Wähler ab, offenbar vor allem ins Lager der Nichtwähler.

---

[325] www.bundeswahlleiter.de/de/europawahlen/EU_BUND_14/ergebnisse/landesergebnisse/index.html, abgerufen 29.5.2014.
[326] www.forschungsgruppe.de/Aktuelles/Europawahl/, abgerufen 31.5.2014.
[327] wahl.tagesschau.de/wahlen/2014-05-25-EP-DE/analyse-wanderung.shtml, abgerufen 31.5.2014.

7.2 Europawahl 2014

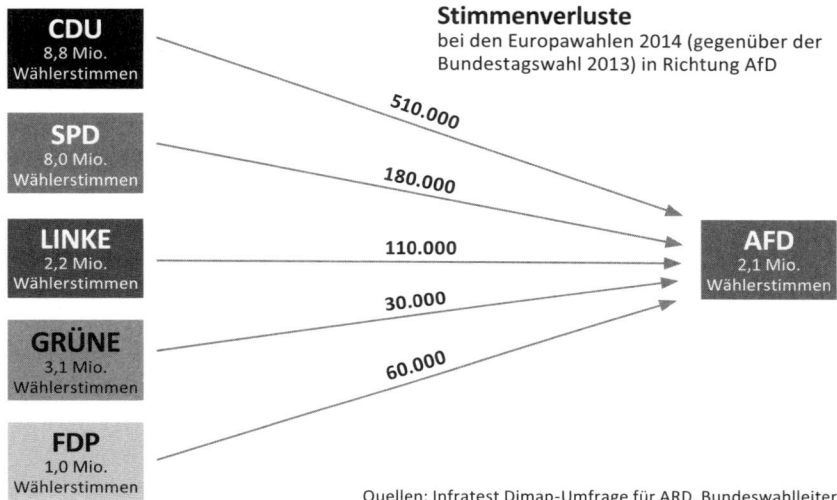

Quellen: Infratest Dimap-Umfrage für ARD, Bundeswahlleiter

Bei den Ansichten über die von ihnen präferierte Partei dominierten laut *Infratest dimap* bei den Wählern der AfD zwei Aussagen:[328] 97% der Befragten erklärten, die AfD »löst zwar keine Probleme, nennt die Dinge aber beim Namen«. 91% unterstützten die Aussage, die AfD »achtet darauf, dass deutsche Interessen nicht zu kurz kommen«. 60% sagten, sie hätten die AfD »aus Enttäuschung über andere Parteien« gewählt.[329]

Ihre persönliche wirtschaftliche Situation schätzten 82% der AfD-Wähler als gut ein.[330] Das waren fast so viele wie bei den Wählern von FDP und Union (jeweils 87%), GRÜNEN (86%) und SPD (85%) und deutlich mehr als bei den Wählern von DIE LINKE (69%).

Bei der Frage, was bei ihrem Votum die größte Rolle gespielt habe, entschieden sich jeweils 41% für die Antworten »Stabile Währungen« und »Soziale Sicherheit«, gefolgt von »Zuwanderung« mit 40%.[331] Deutlich we-

---

[328] wahl.tagesschau.de/wahlen/2014-05-25-EP-DE/aktuelle-themen.shtml, abgerufen 3.6.2014.

[329] wahl.tagesschau.de/wahlen/2014-05-25-EP-DE/wahlentscheidende-themen.shtml, abgerufen 3.6.2014.

[330] wahl.tagesschau.de/wahlen/2014-05-25-EP-DE/aktuelle-themen.shtml, abgerufen am 3.6.2014.

[331] wahl.tagesschau.de/wahlen/2014-05-25-EP-DE/afd-im-europaparlament.shtml, abgerufen 3.6.2014.

niger AfD-Wähler hielten »Friedenssicherung« (23%), »Wirtschaftswachstum« (22%) oder »Umweltschutz« (17%) für die wichtigsten Themen. Unter den Wählern aller Parteien spielten die Währungsstabilität nur für 29% und das Thema Zuwanderung nur für 13% die größte Rolle. Auffällig auch die Unterschiede in der Frage, ob die Länder der EU mehr oder weniger gemeinsam handeln sollten: Unter den Wählern aller Parteien entschieden sich 70% für mehr und 26% für weniger Gemeinsamkeit.[332] Bei den Wählern der AfD war es fast genau umgekehrt: 31% sprachen sich für mehr und 67% für weniger Gemeinsamkeit aus. 52% aller Befragten erklärten, Deutschland solle »andere EU-Länder in der Krise unterstützen«. Unter den AfD-Wählern entschieden sich lediglich 18% für diese Aussage. Während die Wähler von Grünen, Union, SPD und Linken in der EU-Mitgliedschaft Deutschlands in weit überwiegender Zahl eher Vorteile erkennen, meinen 44% der AfD-Wähler, die Mitgliedschaft bringe eher Nachteile, nur 21% erkennen eher Vorteile. Auch in der Frage der Zuwanderung unterscheiden sich die Bürger, die pro AfD votierten, deutlich von den Wählern anderer Parteien: 52% der AfD-Anhänger unterstützten die Aussage: »Die offenen Grenzen in Europa bedrohen unseren Wohlstand.« Bei den Anhängern von DIE LINKE (34%), SPD (30%), Union (27%) und GRÜNEN (12%) waren es deutlich weniger.

Laut *Infratest dimap* wählten 9% der Männer, aber nur 5% der Frauen AfD, bei den Arbeitslosen waren es 5%, bei Arbeitern 10%.[333]

Das Berliner *Forsa*-Institut verortet die AfD-Anhängerschaft in ihrer bisherigen Zusammensetzung in Ober- und Mittelschicht (26 und 53%).[334] 55% hätten Abitur und/oder würden studieren und die Wirtschaftserwartungen pessimistisch beurteilen. 44% verfügen *Forsa* zufolge über ein Haushaltsnettoeinkommen von 3.000 Euro oder mehr. Vor allem Angestellte (62%) und Rentner (34%) fänden Gefallen am eurokritischen Kurs der Partei, Selbstständige (20%), Beamte (10%) und Arbeiter (8%) eher nicht. Männer stellen demnach über zwei Drittel (69%) der AfD-Anhängerschaft, Frauen nur 31%. 24% seien Katholiken, 29% Protestanten und 47% konfessions-

---

[332] wahl.tagesschau.de/wahlen/2014-05-25-EP-DE/ansichten-eu.shtml, abgerufen am 3.6.2014.
[333] wahl.tagesschau.de/wahlen/2014-05-25-EP-DE/wer-waehlte-was.shtml, abgerufen am 3.6.2014.
[334] www.stern.de/politik/deutschland/forsa-analyse-wer-die-afd-waehlt-2115316.html, abgerufen 4.6.2014.

los. Meist sind sie verheiratet (57%) und leben in Orten mit einer Einwohnerzahl von unter 20.000 (42%).

Unterschiede machte *Forsa* in den Anhängerschaften rechtsextremer Parteien einerseits und der AfD andererseits aus. Die Sympathisanten der rechtsextremen Gruppierungen wie der NPD fänden sich überdurchschnittlich häufig in Ostdeutschland, während sich die AfD-Anhänger im Verhältnis der Gesamtbevölkerung auf Ost und West verteilen würden.»Anhänger der rechtsextremen Parteien sind jünger, eher Geringverdiener, überwiegend Hauptschulabsolventen oder haben mittleren Schulabschluss und gehören in überdurchschnittlichem Maß den unteren sozialen Schichten an«, erklärte *Forsa*-Leiter Manfred Güllner. Arbeiter und Arbeitslose seien im rechtsextremen Lager häufiger vertreten als unter den AfD-Anhängern. Die »Radikalen« würden sich zudem, anders als AfD-Anhänger (28%), mit großer Mehrheit (61%) dazu bekennen, politisch rechts zu stehen. Gemeinsam sei beiden Gruppen die pessimistische Wirtschaftserwartung, der überdurchschnittliche Anteil der Konfessionslosen und die überproportionale Vertretung von Männern. Bei den einen wie bei den anderen werde den Parteien im Bundestag kaum politische Kompetenz zugetraut. Güllner macht die Trennungslinie zwischen beiden Lagern in der sozialen Schichtzugehörigkeit aus: »Anhänger der AfD stammen eher aus der Ober- und Mittelschicht mit relativ hohem Einkommen und entsprechend hoher Schulbildung, während Sympathisanten der rechtsextremen Parteien dagegen überwiegend aus den unteren sozialen Schichten mit geringem Einkommen und geringer Schulbildung kommen.« Allerdings erwartet *Forsa*, dass nach der Europawahl und der öffentlichen Debatte über das gute Abschneiden der AfD die Partei nun offenbar auch Zulauf von Angehörigen der unteren Schichten bekomme, die bislang eher zur Wahlenthaltung tendiert hätten.

7.3 Landtagswahlen in Ostdeutschland 2014

Ihr Wahlerfolg bei der Europawahl gab der AfD einen weiteren Schub für die Landtagswahl im August 2014 in Sachsen (9,7%). Mit ihrer Landeschefin Frauke Petry an der Spitze hat sich der sächsische Landesverband deutlich rechts positioniert. So findet sich im Wahlprogramm die Forderung nach Volksabstimmungen über den Bau von Moscheen mit Minaretten.[335]

---

[335] afdsachsen.de/index.php?ct=wahlprogramm, abgerufen am 12.6.2014.

Diese programmatischen Forderungen – Volksabstimmungen über Minarett-Bauvorhaben, eine Radioquote für deutsche Musik, permanente Güter- und Personenkontrollen an deutschen Außengrenzen – deuten darauf, dass hier erkennbar deutlich Annäherungen an rechtspopulistische Forderungen vollzogen werden. Mit der Aufnahme der Forderung nach Volksabstimmungen über den Bau von Moscheen mit Minaretten in Sachsen hat zudem zum ersten Mal das Thema Moscheebau Eingang gefunden in den offiziellen Forderungskatalog der Partei. Dies ist vor allem vor dem Hintergrund von Bedeutung, dass bislang diese Forderung nur von rechtspopulistischen Parteien wie der *Freiheit*, den *Republikanern* und von *pro NRW/ Deutschland* erhoben worden ist und sich die AfD-Spitze bislang um Abgrenzung von einem solchen Kurs bemüht hatte. Dieser Wahlerfolg wiederum hatte einen weiteren Verstärkereffekt auf die nur einen Monat später durchgeführten Landtagswahlen in Thüringen und Brandenburg. In beiden Bundesländern konnte die AfD ihren Wählerzuspruch sogar noch weiter steigern: In Thüringen erzielte die Partei 10,6% und in Brandenburg zog sie bei einer Wählerzustimmung von 12,2% mit elf Abgeordneten erstmalig in den Potsdamer Landtag ein. Dieses Ergebnis stellt das bislang höchste Wahlergebnis der Partei in ihrer Geschichte dar.

Im ostdeutschen Wahlkampf dominierten deutlich Stellungnahmen zur Grenzabschottung, Einwanderung sowie neurechte Kampf-Slogans gegen die vermeintliche »Political Correctness« und Kulturkampf-Parolen zum Erhalt abendländischer Kultur. »Da gab es einen Unterschied zwischen den Motiven auf Plakaten und dem Kleingedruckten im Programm«, erklärte der Chef des Berliner Instituts *Infratest dimap*, Richard Hilmer. »Die AfD passt sich chamäleonhaft den jeweiligen Verhältnissen an.« So inszenierte sich die Partei besonders in Thüringen entgegen der ursprünglichen AfD-Programmatik als Anwalt der sozial Entrechteten und lieferte dem unzufriedenen Wahlvolk[336] mit Kampagnen gegen »unbegrenzte« Einwanderung zugleich das passende Feindbild. Mit Erfolg: Laut Infratest dimap war das wichtigste Motiv, warum Wähler der AfD ihre Stimme gaben, die Kompetenz der Partei zum Thema »Soziale Gerechtigkeit«. Es folgten Kri-

---

[336] Bollmann, Ralph: Alternative für soziale Sicherheit, in FAZ online vom 21.9.2014, www.faz.net/aktuell/wirtschaft/wirtschaftspolitik/afd-ist-kaum-noch-liberal-sondern-standortorientiert-13164555.html, abgerufen am 10.12.2014.

7.3 Landtagswahlen in Ostdeutschland 2014

minalitätsbekämpfung, Ausländer- und Familienpolitik, dann erst der Bereich Finanzen.[337]

Dieser soziale Populismus wurde verknüpft mit einem rechten Kulturkampf in neurechter Tönung: In Zeitungsinterviews erklärte der Thüringer AfD-Landesvorsitzende Björn Höcke[338] beispielsweise, für ihn sei »der Islam in seiner jetzigen Form etwas, was mit unseren mitteleuropäischen Ansprüchen gerade nach der Aufklärung nicht kompatibel ist«. Die »Frage nach der Identität« sei »die zentrale Frage der Menschheit im 21. Jahrhundert«. Gefragt, ob eine Koalition verlockend wäre, ließ der in Hessen als Lehrer arbeitende Höcke die Interviewer wissen: »Die AfD hat eine historische Mission. Und die will ich nicht politischen Notwendigkeiten opfern.« Bei einer Pressekonferenz mit den AfD-Spitzenkandidaten für die Landtagswahlen in Sachsen, Brandenburg und Thüringen schimpfte er mit Blick auf Gender Mainstreaming einem n-tv-Bericht zufolge: »Wir leben in einer Zeit der Gleichschaltungstendenzen.« Große politische Felder, so Höcke, seien von Tabus umgeben. Wer etwa eine aktive Bevölkerungspolitik fordere, werde schnell in jenen »zwölf Jahren« zwischen 1933 und 1945 verortet. Wiederholt stand Höcke extrem rechten Publikationen Rede und Antwort:[339] im Sommer 2014 dem Online-Magazin *Blaue Narzisse*, kurz nach dem Wahlerfolg in Thüringen der Monatszeitschrift *Zuerst!* und im Herbst 2014 dem neurechten Magazin *Sezession*. Im Gespräch mit der *Sezession* fordert er eine am »Volkswohl« orientierte Politik und die »Verteidigung der ethnokulturellen Diversität«, der »höchste Priorität eingeräumt werden« müsse. Höcke: »Wird die von den Altparteien eingeschlagene Marschrichtung nicht deutlich korrigiert, stehen schon mittelfristig unser Volksvermögen, unsere staatliche Integrität und unser Weiterbestand als Träger einer Hochkultur auf dem Spiel.«

Mit ihren Erfolgen bei den ostdeutschen Landtagswahlen in Sachsen, Thüringen und Brandenburg einher geht bei der AfD eine Veränderung in ihrer Themenwahl und in ihrer politischen Stoßrichtung. Dabei überschattet die sozialpopulistische Ausrichtung der Partei deren elitär-marktradikale Kernausrichtung. Hinsichtlich ihrer Außendarstellung und der Fokussierung auf nationale Identitätsdiskurse mit ausgrenzender Stoßrichtung

---

[337] Ebd.
[338] Sager, Tomas, Blick nach rechts: Unüberhörbar rechte Töne (31.7.2014), www.bnr.de/artikel/hintergrund/unueberhoerbar-rechte-toene, abgerufen am 29.11.2014.
[339] Roeser, Rainer, Blick nach rechts: Türöffner nach rechts (16.10.2014), www.bnr.de/artikel/hintergrund/t-r-ffner-nach-rechts, abgerufen am 29.11.2014

weist die AfD in Ostdeutschland deutliche Ähnlichkeiten auf mit den Inszenierungen rechtspopulistischer Parteien wie der FPÖ in Österreich und der *Schweizerischen Volkspartei* (SVP). Einher geht dies mit unterschiedlichen Positionierungen ost- und westdeutscher Landesverbände zu wirtschaftspolitischen Fragen wie beispielsweise zum Freihandelsabkommen TTIP. Wie und in welcher Form sich diese Unterschiede auf die weitere Entwicklung und politische Ausrichtung der Partei auswirken werden, werden die Ergebnisse der nächsten AfD-Bundesparteitage sowie die geplante Verabschiedung des Parteiprogramms Ende 2015 zeigen.

8. Kulturkampf von rechts: Ein Ausblick

Zusammenfassend kann die AfD hinsichtlich ihrer politischen Positionierungen als eine Partei rechts der CDU/CSU und der FDP stehend eingeordnet werden, die sowohl nationalliberale und nationalkonservative als auch rechtspopulistische Tendenzen aufweist. Unklar ist, welche Strömungen künftig in besonderem Maße den Kurs der Partei bestimmen werden. Feststellbar ist, dass die rechtspopulistische Prägung der AfD eine deutlich fassbare Gestalt angenommen hat. Entgegen den vor der Europawahl getroffenen Versprechen, auf Abstand zu rechtspopulistischen Parteien zu gehen, ist die AfD unter dem Dach der Fraktion der Europäischen Konservativen und Reformisten (EKR) u.a. ein Bündnis mit den rechtspopulistischen Parteien *Die Finnen* und *Dänischer Volkspartei* eingegangen. Deutliche Ähnlichkeiten hinsichtlich ihrer Ausrichtung weist sie zum früher existenten rechtspopulistischen *Bund freier Bürger* auf, Überläufer hat die AfD aus der rechtspopulistischen Partei *Die Freiheit* zu verzeichnen. Publizistisch erhält die AfD Unterstützung durch die neurechte Wochenzeitung *Junge Freiheit*, welche sich zu einer Art informellem Parteiblatt der AfD entwickelt hat. Der selbsterklärte Daseinszweck der JF besteht in dem Bestreben, einer nationalliberal/konservativen Kraft rechts der CDU/CSU zum Durchbruch zu verhelfen. In den Wahlerfolgen der AfD sehen diese neurechten Kräfte erstmals seit Jahrzehnten wieder eine realistische parteipolitische Option, ihr Ziel einer Re-Nationalisierung des Politischen voranzutreiben.

Obwohl die AfD sich als besondere Partei mit völlig neuen Inhalten inszeniert, stellt sie unter inhaltlichen Gesichtspunkten das genaue Gegenteil dar. Denn trotz ihrer populistischen Polemik gegen die »Altparteien« offenbart sich die AfD als rückwärtsgewandte Partei. DM-Nostalgie und Rückgriffe auf die Zeiten einer »geistig-moralischen Wende« werden angereichert mit rechten und emanzipationsfeindlichen Parolen gegen homosexuelle Gleichstellung, Gender-Mainstreaming, Doppelpass und Multikulturalismus. Damit einher geht ein populistischer Alarmismus, der den Verlust »nationaler Identität« und das Schwinden »nationaler Interessen« durch eine angeblich volksfeindliche Politik der »Altparteien« beschwört.

Die Forderung nach »nationaler Identität« scheint sich besonders in den ostdeutschen Landesverbänden zum zentralen Themenfeld zu entwickeln: So gab der Spitzenkandidat der AfD-Thüringen, Björn Höcke, der neurechten Zeitschrift *Blaue Narzisse* unter der Überschrift »Die AfD als identitäre Kraft« ein Interview, in dem er die »Frage nach der Identität für die zentrale

Frage der Menschheit im 21. Jahrhundert« erhob, da diese »der Schlüssel zu ökonomischen und ökologischen Homöostasen, also ausgleichenden Selbstregulierungen einer Gesellschaft« sei. Und weiter: »Die Deutschen und die Europäer haben die Aufgabe, den Wert ihrer Hochkultur wiederzuentdecken.«[340] Damit erweist sich die AfD gewissermaßen als weltanschauliche Stichwortgeberin für einen rechten Kulturkampf, der nicht zuletzt auch in Protesten auf der Straße zum Ausdruck kommt.

Besonders das Thema Islam erweist sich vor dem Hintergrund eines internationalen gewalttätigen Islamismus als anschlussfähig für breitenwirksame Mobilisierungen mit ausgrenzender und zum Teil deutlich rassistischer Stoßrichtung. Auf der Straße offenbarte sich dies bei einer Demonstration von rechten Hooligans, die im Oktober 2014 unter dem Slogan »Hooligans gegen Salafisten« an die 5.000 Teilnehmer mobilisieren konnten. Die Anschlussfähigkeit solcher Mobilisierungsthemen reicht vom rechten Rand bis hinein in bürgerliche Mittelschichten. Besonders deutlich wurde dies in der Zeit vom Oktober bis zum Dezember 2014 in wöchentlichen Demonstrationen in Dresden. Eine Gruppe mit dem Namen »Europäische Patrioten gegen die Islamisierung des Abendlandes« – kurz Pegida – stellte sich in die Tradition der Montagsdemonstrationen des demokratischen Aufbruchs der früheren DDR, um diese der Mobilisierung gegen eine angebliche »Islamisierung« dienlich zu machen.

Anhand der dort formulierten Forderungen wurde schnell ersichtlich, dass es den Akteuren um mehr ging als lediglich um dieses Thema. Benannt wurden in einem Positionspapier unter anderem »Null-Toleranz-Politik gegenüber straffällig gewordenen Asylbewerbern und Migranten« sowie ein Eintreten gegen »dieses wahnwitzige ›Gender Mainstreaming‹« und der »Schutz unserer christlich-jüdisch geprägten Abendlandkultur«.[341] Was darunter verstanden werden soll, illustrierte der Pegida-Sprecher Lutz Bachmann in einem Interview mit der JF an folgendem Beispiel: »Die Islamisierung unseres öffentlichen Raumes, wenn etwa aus Rücksicht auf den Islam aus Weihnachtsmärkten ›Wintermärkte‹ werden.«[342]

---

[340] Björn Höcke: »Die AfD als identitäre Kraft«, Interview in: Blaue Narzisse online vom 13.8.2014, www.blauenarzisse.de/index.php/gesichtet/item/4820-afd-als-identitaere-kraft, abgerufen am 10.12.2014.

[341] Positionspapier der PEGIDA (10.12.2014), pegida.de/2014/12/positionspapier-der-pegida/, abgerufen am 11.12.2014.

[342] Bachmann, Lutz: »Wir haben einen Nerv getroffen«, in: Junge Freiheit vom 12.12.2014.

Ein Ausblick

Die Teilnahme von zehntausend Menschen an Protestmärschen unter derartigen Forderungen ist als Ausdruck einer Entwurzelung eines rechtsgerichteten politischen Milieus in der bürgerlichen Mitte der Gesellschaft zu deuten, das sich nicht mehr entsprechend politisch repräsentiert sieht. Die artikulierten Forderungen sind in vielen Fragen deckungsgleich mit Positionen der AfD, deren äußerst rechter Flügel frühzeitig zur Unterstützung mobilisierte. In einer Stellungnahme der Patriotischen Plattform wurde die Gesamtpartei dazu aufgefordert, »die Kernforderung von Pegida zu übernehmen und sich in aller Deutlichkeit gegen die Islamisierung des Abendlandes auszusprechen«. Diese Forderung wird in dem Schreiben verknüpft mit der Aufforderung, »gegen die Wahnvorstellung einer multikulturellen Gesellschaft« einzutreten.[343]

In einem Interview mit einem Videoportal der *Jungen Freiheit* erklärte Frauke Petry ihre Zustimmung zu Forderungen von Pegida und betonte in diesem Kontext die Bedeutung nationaler Identitätsfragen. Laut Petry artikulieren die Demonstranten »die große Sorge, die man im Osten vielleicht auch eher findet als im Westen, dass wir mit unserer eigenen Identität offensichtlich Probleme haben und gar nicht mehr wagen, drüber zu sprechen, wie es ist, als Deutscher in Deutschland zu leben und wie man dieses Land selbst gestalten möchte«.[344] Auch Alexander Gauland bekundete: »Wir sind die ganz natürlichen Verbündeten dieser Bewegung.«[345] Ebenso äußerte Parteisprecher Lucke, dass viele Forderungen des Pegida-Bündnisses »von der AfD geteilt«[346] werden.

Trotz bestehender Skrupel von Teilen der Parteiführung davor, mit dem rechtsradikalen Anhang dieser Proteste in Verbindung gebracht zu werden, bietet sich die AfD ihnen also als eine Art parteipolitisches Dach an und sorgt damit zugleich für deren parteipolitische Verankerung. Damit stellt

---

[343] Stellungnahme der Patriotischen Plattform: AfD muß sich gegen Islamisierung des Abendlandes aussprechen! (9.12. 2014), patriotische-plattform.de/blog/2014/12/09/stellungnahme-der-patriotischen-plattform-afd-muss-sich-gegen-islamisierung-des-abendlandes-aussprechen/, abgerufen am 10.12.2014.

[344] Petry, Frauke, Interview in JF-TV Dokumentation über PEGIDA, Dresden, (8.12.2014), www.youtube.com/user/jungefreiheitverlag, abgerufen am 12.12.2014.

[345] Bielicki, Jan: AfD-Spitze stellt sich hinter »Pegida«, SZ online vom 9.12.2014, www.sueddeutsche.de/politik/reaktionen-auf-demos-afd-spitze-stellt-sich-hinter-pegida-1.2259371, abgerufen am 12.12.2014.

[346] Lucke, Bernd: »Die AfD teilt viele Pegida-Forderungen«, Handelsblatt online vom 11.12.2014, www.handelsblatt.com/politik/deutschland/bernd-lucke-die-afd-teilt-viele-pegida-forderungen/11107094.html, abgerufen am 12.12.2014.

die Partei die Brücke her zwischen ihrer wohlstandschauvinistischen und elitär-marktradikalen ökonomischen Grundausrichtung (»Nicht das Sozialamt der Welt«, »Partei der Leistungsträger«) hin zu »dem Volk« und auch den prekarisierten Schichten, die ein Ventil für ihre konforme Revolte gegenüber den »Altparteien« und den als »Sozialtouristen« diffamierten Zuwanderern suchen. Damit stellt sich die AfD propagandistisch zugleich als Zugpferd »nationaler Leitungsträger« mit neoliberaler Theoriebildung (Lucke, Henkel u.a.) auf und nimmt zugleich die Rolle als national gesinnter Konterpart zu der europäisch hegemonialen politischen Formation der »passiven Revolution«[347] des Neoliberalismus ein:[348] als »Alternative für Deutschland« gegen die angebliche Alternativlosigkeit einer neoliberal grundierten Austeritätspolitik in Europa.

Diese unter sozioökonomischen Gesichtspunkten ›konforme Revolte‹ gegen die »Altparteien« richtet sich daher populistisch mobilisierend zugleich an die Leidenschaften und Frustrationen ethnisch angestammter prekarisierter Schichten, die sich ebenfalls wie bürgerlich-nationalkonservative Milieus nicht mehr ausreichend politisch repräsentiert fühlen. »Klassenkampf« nennt dies der AfD-Bundessprecher Konrad Adam. Er deutet dies als Kampf gegen die »politische Klasse«: »Natürlich kann sich das Volk nicht selbst regieren, es braucht dazu Vertreter. Aber müssen die sich auch als Klasse formieren? Sich nicht nur so bezeichnen, sondern sich auch so benehmen? Wozu brauchen wir sie denn? Geht es zur Not denn nicht auch ohne sie?«[349] Hier zeigt sich das populistisch mobilisierende Moment, durch welches sich die AFD hinsichtlich der Wechselwähler nahezu zu einer »Catch all«-Partei[350] entwickelt hat.

Dies stellt insbesondere den linken Parteienblock vor besondere Herausforderungen. Denn die AfD hat trotz ihrer Vorzeige-Personalie Henkel

---

[347] Zu Gramscis Begriff der »passiven Revolution« vgl. Adolphs/Karakayali (2007).

[348] In Anlehnung an die Studien des italienischen Marxisten Antonio Gramsci zur »passiven Revolution« des italienischen Risorgimento, d.h. der italienischen Einigungsbewegung im 19. Jahrhundert, als politische Umwälzung von oben ohne Beteiligung subalterner Klassen wurde dieser Begriff in der neomarxistischen Theorie nutzbar gemacht für die Beschreibung der Durchsetzung neoliberaler Politikkonzepte in der Europäischen Union, die »von oben« verordnet zu mehrheitlich unhinterfragten Leitlinien politisch/ökonomischer Regulation durchgesetzt worden sind (vgl. hierzu: Das Argument, Heft 1 und 2, 2013).

[349] Adam (2014: 59)

[350] Mit Ausnahme grüner Wählermilieus hat die AfD von Wechselwählern aller Parteien profitieren können.

Ein Ausblick

auch einen Einbruch in das organisierte Gewerkschaftslager erreicht: So haben laut dem DGB-Info-Service *Einblick* in Brandenburg bei den Landtagswahlen 12,1% der Gewerkschaftsmitglieder AfD gewählt und in Thüringen 9,3 %. Laut dem DGB-Vorsitzenden Reiner Hoffmann ist die Zustimmung von Arbeitnehmern und Gewerkschaftsmitgliedern »angesichts der gewerkschaftsfeindlichen Grundhaltung der AfD und vieler ihrer Spitzenfunktionäre nicht nachvollziehbar. Wir haben im Vorfeld der Wahlen über die arbeitnehmerfeindlichen Positionen der AfD informiert. Selbstkritisch müssen wir feststellen, dass das offensichtlich nicht gereicht hat. Erschreckend ist zudem, dass der Anteil der jüngeren Wähler, die für die AfD oder die rechtsextreme NPD stimmten, höher ist als in anderen Altersgruppen. Das gilt auch für Gewerkschaftsmitglieder.«[351]

Zugleich arbeitet die AfD an einer ihrer ökonomischen Ausrichtung adäquaten Formation, der Gründung eines »Mittelstandsforums der AfD«. Laut Informationen der *Süddeutschen Zeitung* wurden bislang Einladungen an »etwa 500 Unternehmer und Manager aus ganz Deutschland verschickt«.[352] Als Organisator dieser Formation tritt der Ex-Republikaner Ulrich Wlecke auf, der vor einigen Jahren noch als Budget-Experte bei der rechtspopulistischen FPÖ aufgetreten ist.

Während die AfD sich bislang lediglich als Nein-Sager- sowie als Wutbürger-Partei populistisch in Kontrast zu den so genannten Altparteien in Szene setzen konnte, muss sie nun ihre Tauglichkeit als realpolitisch handelnde Kraft unter Beweis stellen, wenn sie sich in Bund und Ländern nachhaltig verankern will. Eine Aufgabe, die die Partei angesichts ihrer massiven innerparteilichen Konflikte und einer mehr als dürftigen Personaldecke handlungsfähiger Akteurinnen und Akteure vor eine existenzielle Herausforderung stellt. Mit einer möglichen Etablierung der AfD als neuer Kraft rechts der Union hätte das rechte Wutbürgertum auch in Deutschland eine parteipolitische Verankerung gefunden.

Sollte dies Realität werden, hätte dies auch Konsequenzen für die politischen Kräfteverhältnisse hierzulande: Dem aktuell hegemonialen neoliberal-konservativen Block würde nicht nur Konkurrenz entstehen, sondern zugleich neue Kooperationsmöglichkeiten eröffnet. Zudem zeigt die Etablierung populistisch-rechter Parteien in Europa, dass dies eine Verände-

---

[351] »Gegensteuern«, in: einblick. Gewerkschaftlicher Info-Service Nr. 17 vom 29.9.2014, S. 3.
[352] AfD gründet Wirtschaftsforum, in: Süddeutsche Zeitung vom 10.12.2014.

rung der politischen (Alltags-)Kultur nach sich zieht und eine Schwächung emanzipativer Politikansätze zur Folge hat. Deutschland ist bislang hinsichtlich des Erfolges rechtspopulistischer Parteien eine Art »politisches Entwicklungsland« gewesen. Dies kann sich mit weiteren Erfolgen der AfD nachhaltig ändern. Folgende Anknüpfungspunkte für einen populistisch artikulierten Kulturkampf von rechts lassen sich aktuell feststellen:

- Fokussierung auf religiös/kulturell umgeformte rassistische Stereotype (Islam[ismus], »Integrationsverweigerer«)
- Familien- und Gesellschaftsbilder (Gender Mainstreaming, Bildungsplan Baden-Württemberg, sexuelle Pluralisierung)
- Nationale/kulturelle Identität (gegen Zuwanderung und multikulturelle Gesellschaft)
- »Meinungsfreiheit« (gegen »political correctness«/linke »kulturelle Hegemonie«)
- Bewahrung »bürgerlicher Tugenden« (Ordnung, Sauberkeit, Sicherheit)

Dies geht einher mit einem rechten Sozialpopulismus, der den Begriff »des Volkes« dafür in Anspruch nimmt, exkludierende und nationalistische Politikansätze breitenwirksam zur Geltung bringen zu können. Hierbei ist zu beachten, dass diese rechte Inanspruchnahme des Volksbegriffs sowohl an Ressentiments sozialökonomisch prekarisierter Schichten appelliert und diese fördert, als auch zugleich den Begriff des Bürgerlichen in ethnisch/national exkludierendem Verständnis in Anspruch nimmt.

Damit sind linke und emanzipatorische Bewegungen vor eine doppelte Herausforderung gestellt: Sie müssen sowohl den pseudorevolutionären Charakter dieser populistisch-herrschaftskonformen Revolte demaskieren als auch zugleich deren exkludierende Inanspruchnahme des Begriffs von Volk und Bürgerlichkeit demaskieren. Sie müssen zudem die Fähigkeit entwickeln, entgegen rechtspopulistischer »Wahrheiten« ein populäres Angebot zur Veränderung und Überwindung gesellschaftlicher Ungleichheit zu formulieren. Und es stellt sich die Herausforderung, den rechten Kampfbegriff der »Nationalen Identität« zu dekonstruieren und ihn umzuformulieren in einen durchaus auch populär wirksamen »Kollektivwillen«[353] auf der Basis sozialökonomischer Gleichstellung, Anerkennung kultureller Diversität und emanzipativer sozialer Praxis. Dies beinhaltet zugleich eine

---

[353] Zum emanzipatorischen Gebrauch des Populismusbegriffs vgl. Laclau 2014.

Ein Ausblick

selbstkritische Reflexion über die Aufgabe des Begriffs der Bürgerlichkeit für eine gesellschaftliche Linke, die sich trotz ihrer objektiv in bürgerlichen Mittelschichten verankerten Klassenstellung verbalradikal der Antibürgerlichkeit verschrieben hat.[354]

In seinen »Reflexionen aus dem beschädigten Leben« hat Theodor W. Adorno die Ambivalenz zwischen der Artikulation von bürgerlichen Tugenden und Eigeninteressen und der Wut gegen Schwache im Kontext einer Durchkapitalisierung gesellschaftlicher Beziehungen beschrieben: »Die bewahrende Hand, die immer noch ihr Gärtchen hegt und pflegt, als ob es nicht längst zum ›lot‹ geworden wäre, aber den unbekannten Eindringling ängstlich fernhält, ist bereits die, welche dem politischen Flüchtling das Asyl verweigert.«[355] In der herrschaftskonformen Revolte des sich in seinen Eigeninteressen bedroht empfindenden Bürgertums sah Adorno dessen Unmenschlichkeit zutage treten: »So kommt die Klasse zu sich selbst und macht den zerstörenden Willen des Weltlaufs sich zu eigen. Die Bürger leben fort wie Unheil drohende Gespenster.«[356]

---

[354] Vgl. hierzu exemplarisch die Anregungen zur linken Inanspruchnahme des Begriffs der Bürgerlichkeit bei Siri 2010.

[355] Adorno 1951: 48; mit »lot« spricht Adorno an, dass es sich um ein Grundstück als Ware handelt.

[356] Ebd.

Literatur

Quellenangaben von direkten Zitaten im Text sind in den Fußnoten verzeichnet. Verwendete und in den Fußnoten belegte Zeitschriftenquellen werden nicht noch einmal aufgeführt.

Adam, Konrad (2014): Klassenkampf, in: Erträge. Schriftenreihe der Bibliothek des Konservatismus Bd. 1, Berlin, S. 39-60

Adolphs, Stephan/Karakayali, Serhat (2007): Die Aktivierung der Subalternen – Gegenhegemonie und passive Revolution, in: Buckel, Sonja/Fischer-Lescano, Andreas (Hrsg.): Hegemonie gepanzert mit Zwang. Zivilgesellschaft und Politik im Staatsverständnis von Antonio Gramsci, Baden-Baden, S. 121-140

Adorno, Theodor W. (1951): Minima Moralia. Reflexionen aus dem beschädigten Leben, Frankfurt a.M.

Ahlheim, Klaus (2011): Sarrazin und der Extremismus der Mitte. Empirische Analysen und pädagogische Reflexionen, Hannover

Bandulet, Bruno (2014): Als Deutschland Großmacht war, Rottenburg

Bandulet, Bruno/Hankel, Wilhelm/Ramp, Bernd-Thomas/Schachtschneider, Karl Albrecht/Ulfkotte, Udo (2012): Gebt uns unsere D-Mark zurück! Rottenburg

Bebnowski, David/Förster, Lisa Julika (2014): Wettbewerbspopulismus. Die Alternative für Deutschland und die Rolle der Ökonomen, Kurzfassung, www.otto-brenner-stiftung.de/.../2014_03_31_AfD_Papier.pdf

Bebnowski, David/Kumkar, Nils (2013): »Jeder hat Angst, seinen Besitzstatus zu verlieren«. Die Anti-Euro-Proteste, in: Marg, Stine/Geiges, Lars/Butzlaff, Felix/Walter, Franz (Hrsg.): Die neue Macht der Bürger. Was motiviert Protestbewegungen? Hamburg

Blätter für deutsche und internationale Politik (Hrsg.) (2013): Demokratie oder Kapitalismus? Europa in der Krise, Berlin

Botsch, Gideon (2012): Die extreme Rechte in der Bundesrepublik Deutschland 1949 bis heute, Darmstadt

Braun, Stephan/Geisler, Alexander/Gerster, Martin (Hrsg.) (2009): Strategien der extremen Rechten. Hintergründe – Analysen – Antworten, Wiesbaden

Buckel, Sonja/Oberndorfer, Lucas/Troost, Axel/Ypsilanti, Andrea (Redaktion) (2013): Solidarisches Europa. Mosaiklinke Perspektiven, Hamburg

Buntenbach, Annelie/Bsirske, Frank/Keller, Andreas/Lemb, Wolfgang/Schäfers, Dietmar/Urban, Hans-Jürgen (2014): Ist Europa noch zu retten? Analysen und Forderungen für eine offensive Europa-Politik, Supplement der Zeitschrift Sozialismus 4, Hamburg

Butterwegge, Christoph/Lösch, Bettina/Ptak, Ralf (2008): Kritik des Neoliberalismus, Wiesbaden

Candeias, Mario (2004): Neoliberalismus – Hochtechnologie – Hegemonie.

Literatur

Grundrisse einer transnationalen kapitalistischen Produktionsweise. Eine Kritik, Hamburg
Carini, Marco/Speit, Andreas (2002): Ronald Schill. Der Rechtssprecher, Hamburg
Das Argument 301, Heft 1 u. 2 (2013): Neugründung Europas als passive Revolution? Hamburg
Decker, Frank/Neu, Viola (Hrsg.) (2013): Handbuch der deutschen Parteien, Wiesbaden
Decker, Oliver/Weißmann, Marliese/Kiess, Johannes/Brähler, Elmar (2010): Die Mitte in der Krise. Rechtsextreme Einstellungen in Deutschland 2010, Berlin
Demirović, Alex/Kaindl, Christina (Hrsg.) (2012): Gegen den Neoliberalismus andenken. Linke Wissenschaften und sozialistische Perspektiven, Hamburg
Dingwerth, Klaus/Blauberger, Michael/Schneider, Christian (2011): Postnationale Demokratie. Eine Einführung am Beispiel von EU, WTO und UNO, Wiesbaden
Dirsch, Felix (2012): Authentischer Konservatismus. Studien zu einer klassischen Strömung des politischen Denkens, Münster
Dittberger, Jürgen (2010): Die FDP: Geschichte, Personen, Organisation, Perspektiven. Eine Einführung, Wiesbaden
Forschungsgruppe »Staatsprojekt Europa« (Hrsg.) (2012): Europa in der Krise. Zwischen autoritärem Etatismus und europäischem Frühling, Hamburg
Frölich-Steffen, Susanne (2006): Rechtspopulistische Herausforderer in Konkordanzdemokratien. Erfahrungen aus Österreich, der Schweiz und den Niederlanden, in: Frank Decker (Hrsg.): Populismus. Gefahr für die Demokratie oder nützliches Korrektiv?, Wiesbaden
Gärtner, Reinhold (2009): Politik der Feindbilder. Rechtspopulismus auf dem Vormarsch, Wien
Gauland, Alexander (2002): Anleitung zum Konservativsein, Stuttgart/München
Geden, Oliver (2006): Diskursstrategien im Rechtspopulismus, Wiesbaden
Geiges, Lars/Neef, Tobias/van Dijk, Pepijn (2013): »Wir hatten es irgendwann nicht mehr im Griff«. Occupy und andere systemkritische Proteste, in: Marg, Stine/Geiges, Lars/Butzlaff, Felix/Walter, Franz (Hrsg.): Die neue Macht der Bürger. Was motiviert Protestbewegungen? Hamburg
Grebing, Helga (1971): Konservative gegen die Demokratie. Konservative Kritik an der Demokratie in der Bundesrepublik Deutschland, Frankfurt a.M.
Grewe, Hartmut (1994): Der »Bund freier Bürger«, Sankt Augustin
Häusler, Alexander (2008) (Hrsg.): Rechtspopulismus als Bürgerbewegung. Kampagnen gegen Islam und Moscheebau und kommunale Gegenstrategien, Wiesbaden

Häusler, Alexander (2012): Selektive Inanspruchnahme des Demokratischen: Rechtspopulistische Politik der Feindbilder im Namen der Meinungsfreiheit, in: Braun, Stephan/Geisler, Alexander (Hrsg.): Die verstimmte Demokratie. Moderne Volksherrschaft zwischen Aufbruch und Frustration, Wiesbaden

Häusler, Alexander (2013): Europas Rechte Ränder. In: Le Monde diplomatique (Hrsg.): Atlas der Globalisierung. Die Welt von morgen. Berlin

Häusler, Alexander u.a. (2013): Die »Alternative für Deutschland« – eine neue rechtspopulistische Partei? Materialien und Hintergründe zur vertiefenden Auseinandersetzung, hrsg. von der Heinrich-Böll-Stiftung NRW, www.boell.de/de/2013/10/10/studie-zur-afd-rechtspopulistische-tendenzen

Häusler, Alexander/Roeser, Rainer (2014): Rechtspopulismus in Europa und die rechtspopulistische Lücke in Deutschland, hrsg. von Mobit e.V. (Broschüre)

Hafeneger, Benno/Schönfelder, Sven (2007): Politische Strategien gegen die extreme Rechte in Parlamenten. Folgen für die kommunale und lokale Demokratie, Berlin

Hankel, Wilhelm/Nölling, Wilhelm/Schachtschneider, Karl Albrecht/Starbatty, Joachim (1998): Die Euro-Klage. Warum die Währungsunion scheitern muß, Hamburg

Hankel, Wilhelm/Nölling, Wilhelm/Schachtschneider, Karl Albrecht/Spethmann, Dieter/Starbatty, Joachim (2011): Das Euro-Abenteuer geht zu Ende. Wie die Währungsunion unsere Lebensgrundlagen zerstört, Rottenburg

Hanke, Wilhelm (2013): Die Euro-Bombe wird entschärft, Wien

Hartleb, Florian (2013a): Schill-Partei, in: Decker, Frank/Neu, Viola (Hrsg.): Handbuch deutscher Parteien, Wiesbaden

Hartleb, Florian (2013b): Bürger in Wut (BIW), in: Decker, Frank/Neu, Viola (Hrsg.): Handbuch deutscher Parteien, Wiesbaden

Hartleb, Florian (2013c): Bund Freier Bürger – Offensive für Deutschland, in: Decker, Frank/Neu, Viola (Hrsg:): Handbuch der Deutschen Parteien, Wiesbaden

Hartleb, Florian (2013d): Bürgerrechtspartei für mehr Freiheit und Demokratie – Die Freiheit, in: Decker, Frank/Neu, Viola (Hrsg.): Handbuch der deutschen Parteien, Wiesbaden

Henkel, Hans-Olaf (2013): Die Euro-Lügner. Unsinnige Rettungspakete, vertuschte Risiken – so werden wir getäuscht, München

Henning, Eike (1991): Die Republikaner im Schatten Deutschlands. Eine Studie, Frankfurt a.M.

Hundseder, Franziska (1995): Rechte machen Kasse, München

Janssen, Thilo (2013): Die Europäisierung der rechten EU-Gegner. Rechte europäische Parteien und rechte Fraktionen im Europäischen Parlament vor den Europawahlen 2014. Eine Studie im Auftrag der Rosa-Luxemburg-Stiftung, Berlin

Literatur

Kailitz, Steffen: Die Republikaner (REP) (2013), in: Decker, Frank/Neu, Viola (Hrsg.): Handbuch deutscher Parteien, Wiesbaden
Kellershohn, Helmut (Hrsg.) (2013): Die deutsche Stimme der Jungen Freiheit. Lesarten des völkischen Nationalismus in Publikationen der extremen Rechten, Münster
Kemper, Andreas (2013): Rechte Euro-Rebellion. Alternative für Deutschland und Zivile Koalition e.V., Münster
Korsch, Felix (2014): Nationalkonservativ und marktradikal. Eine politische Einordnung der »Alternative für Deutschland«, herausgegeben von der Rosa Luxemburg Stiftung, www.rosalux.de/fileadmin/rls.../Analysen_Nationalkonservativ.pdf
Laclau, Ernesto (2014): The Rhetorical Foundations of Society. London
Marg, Stine/Geiges, Lars/Butzlaff, Felix/Walter, Franz (Hrsg.) (2013): Die neue Macht der Bürger. Was motiviert Protestbewegungen?, Hamburg.
Martino, Susanne (1992): Die »Neue Rechte« in der »Grauzone« zwischen Rechtsextremismus und Konservatismus, Frankfurt a.M.
Menzel, Felix/Stein, Philip (2014): Junges Europa. Szenarien des Umbruchs, Chemnitz
Mudde, Cas (2007): Populist radical right parties in Europe, Cambridge
Niedermayer, Oskar (2004): Wahlerfolge ethnozentristisch-autoritärer Parteien in Deutschland. In: Braun, Stephan/Hörsch, Daniel: Rechte Netzwerke – eine Gefahr. Wiesbaden
Niedermayer, Oskar (Hrsg.) (2013): Handbuch Parteienforschung, Wiesbaden
Nordmann, Jürgen (2005): Der lange Marsch zum Neoliberalismus. Vom Roten Wien zum freien Markt – Popper und Hayek im Diskurs, Hamburg
Nullmeier, Frank (2010): Kritik neoliberaler Menschen- und Gesellschaftsbilder und Konsequenzen für ein neues Verständnis von »sozialer Gerechtigkeit«, herausgegeben von der Abteilung Wirtschafts- und Sozialpolitik der Friedrich-Ebert-Stiftung, Bonn
Priester, Karin (2008): Populismus als Protestbewegung, in: Häusler, Alexander (Hrsg.): Rechtspopulismus als »Bürgerbewegung«. Kampagnen gegen Islam und Moscheebau und kommunale Gegenstrategien, Wiesbaden
Priester, Karin (2012): Rechter und linker Populismus. Annäherung an ein Chamäleon, Frankfurt a.M.
Pfahl-Traughber, Armin (1994): Volkes Stimme? Rechtspopulismus in Europa, Bonn
PROKLA 168 (2012): Die EU und der Euro in der Krise, Münster
Rechtsschutzinstitut (Hrsg.) (1997): Lokalpolitik und die extreme Rechte in Düsseldorf. Düsseldorf
Reinfeld, Sebastian (2013): »Wir für Euch«. Die Wirksamkeit des Rechtspopulismus in Zeiten der Krise, Münster

Roth, Roland (2010): Demokratie braucht Qualität! Beispiele guter Praxis und Handlungsempfehlungen für erfolgreiches Engagement gegen Rechtsextremismus, Berlin

Sarrazin, Thilo (2010): Deutschland schafft sich ab. Wie wir unser Land aufs Spiel setzen, München

Sarrazin, Thilo (2012): Europa braucht den Euro nicht. Wie uns politisches Wunschdenken in die Krise geführt hat, München

Sarrazin, Thilo (2014): Der neue Tugendterror. Über die Grenzen der Meinungsfreiheit in Deutschland, München

Schachtschneider, Karl Albrecht (2011): Die Rechtswidrigkeit der Euro-Rettungspolitik. Ein Staatsstreich der politischen Klasse, Rottenburg

Schachtschneider, Karl Albrecht (2012): Die Souveränität Deutschlands. Souverän ist, wer frei ist, Rottenburg

Schmollinger, Horst W. (1983): Die Deutsche Partei, in: Stöss, Richard (Hrsg.): Parteienhandbuch. Die Parteien der Bundesrepublik Deutschland 1945-1980, Band 1: AUD-EFP, Opladen

Schomers, Michael (1990): Deutschland ganz rechts. Sieben Monate als Republikaner in BRD & DDR, Köln

Schui, Herbert/Ptak, Ralf/Blankenburg, Stephanie/Bachmann, Günther/Kotzur, Dirk (1997): Wollt ihr den totalen Markt? Der Neoliberalismus und die extreme Rechte, München

Siri, Jasmin (2014): Die Halbierung der Bürgerlichkeit, in: Prokla 160: Kulturkämpfe, Münster, S. 325-340

Speit, Andreas (2002): Hamburgs Modell für Berlin, in: Speit, Andreas/Carini, Mario: Roland Schill. Der Rechtssprecher, Hamburg

Starbatty, Joachim (2013): Tatort Euro. Bürger, schützt das Recht, die Demokratie und euer Vermögen, Wien/Berlin/München

Stöss, Richard (2010): Rechtsextremismus im Wandel (3. aktualisierte Auflage, herausgegeben von der Friedrich-Ebert-Stiftung), Berlin

Stöss, Richard (2013): Der rechte Rand des Parteiensystems, in: Niedermayer, Oskar (Hrsg.) (2013): Handbuch Parteienforschung, Wiesbaden, S. 563-618

Notizen

Notizen

VSA: Den rechten Rand erkennen

Bodo Ramelow (Hrsg.)
Schreddern, Spitzeln, Staatsversagen
Wie rechter Terror, Behördenkumpanei und Rassismus aus der Mitte zusammengehen
240 Seiten | € 12.80
ISBN 978-3-89965-550-6
Der rechte Terror des Nationalsozialistischen Untergrundes (NSU) kostete zehn Menschen das Leben. Er erwuchs aus dem Rassismus in der Gesellschaft, der Verharmlosung der rechten Gefahr, dem systembedingten Versagen der Geheimdienste und Behördenkumpanei.

Prospekte anfordern!

VSA: Verlag
St. Georgs Kirchhof 6
20099 Hamburg
Tel. 040/28 09 52 77-10
Fax 040/28 09 52 77-50
Mail: info@vsa-verlag.de

Julian Bruns/Kathrin Glösel/
Natascha Strobl
Rechte Kulturrevolution
Wer sind die Rechtsintellektuellen von heute?
AttacBasisText 47
96 Seiten | € 7.00
ISBN 978-3-89965-639-8
Was ist neu an der »Neuen Rechten«? Wie hängt die Popularität autoritärer Ansätze mit der Europakrise zusammen? Welche Lösungsansätze und Gegenstrategien gibt es? Die Neuen Rechten unterscheiden sich vom Nazi-Klischee. Statt Springerstiefel und Bomberjacke tragen sie Anzüge, geben sich bieder und sitzen in Anwaltskanzleien, Universitäten und Medienhäusern. Ziel ist die Diskursverschiebung nach rechts. In bewährter »Das wird man doch noch sagen dürfen«-Manier wird gegen Linke, Migrant_innen, Homosexuelle und Juden und Jüdinnen gehetzt. Mit pseudowissenschaftlichen Argumenten wird eine »natürliche« Ungleichheit und damit verbundene Ungleichwertigkeit von Menschen(-gruppen) begründet.

www.vsa-verlag.de

VSA: Kampf um die Mitte

Bernhard Müller
Erosion der gesellschaftlichen Mitte

Mythen über die Mittelschicht
Zerklüftung der Lohnarbeit
Prekarisierung & Armut
Abstiegsängste

Richard Detje/Wolfgang Menz/
Sarah Nies/Dieter Sauer/Joachim Bischoff
Krisenerfahrungen und Politik

Der Blick von unten auf Betrieb, Gewerkschaft und Staat

Bernhard Müller
Erosion der gesellschaftlichen Mitte
Mythen über die Mittelschicht I Zerklüftung der Lohnarbeit I Prekarisierung & Armut I Abstiegsängste
144 Seiten I € 14.80
ISBN 978-3-89965-496-7
Anhand neuerer empirischer Untersuchungen wird den ökonomisch-sozialen Entwicklungstendenzen nachgegangen und ausgelotet, inwiefern ein rechtspopulistischer Weg in der Bundesrepublik mit Zulauf aus der »gesellschaftlichen Mitte« rechnen könnte.

Prospekte anfordern!

VSA; Verlag
St. Georgs Kirchhof 6
20099 Hamburg
Tel. 040/28 09 52 77-10
Fax 040/28 09 52 77-50
Mail: info@vsa-verlag.de

Richard Detje/Wolfgang Menz/Sarah Nies/
Dieter Sauer/Joachim Bischoff
Krisenerfahrungen und Politik
Der Blick von unten auf Betrieb, Gewerkschaft und Staat
152 Seiten I € 12.80
ISBN 978-3-89965-556-8
Demoskopische Befragungen liefern widersprüchliche Befunde über die Zyklen der Krisenwahrnehmung in den letzten Jahren. So scheint der wirtschaftliche Aufschwung 2010-2012 in einigen Umfragen die Erinnerung an den vorangegangenen Einbruch bereits wieder in den Hintergrund gedrängt zu haben, während anderen Umfragen zufolge die Hälfte der Bevölkerung die »eigentliche Krise« noch vor sich sieht. Ebenso verhält es sich beim Blick auf die Politik, deren Bewertung zwischen Erfolg und Scheitern schwankt.

www.vsa-verlag.de